Lektürehilfen
Patrick Süskind
„Das Parfum"

von Hanns-Peter Reisner

Ernst Klett Verlag
Stuttgart Düsseldorf Leipzig

Die Seitenangaben zum Text des Romans beziehen sich auf folgende Ausgabe:
Patrick Süskind, Das Parfum
Diogenes Verlag AG, detebe 22 800, Zürich 1985.

Gedruckt auf Papier,
das aus chlorfrei gebleichtem
Zellstoff hergestellt wurde.

Die Deutsche Bibliothek – CIP-Einheitsaufnahme

Reisner, Hanns-Peter:
Lektürehilfen Patrick Süskind, „Das Parfum" /
von Hanns-Peter Reisner. –
2. Aufl. – Stuttgart ; Düsseldorf ; Leipzig : Klett, 1999
  ISBN 3-12-922358-4

2. Auflage 1999
Dieses Werk folgt der reformierten Rechtschreibung und Zeichensetzung. Ausnahmen bilden Texte, bei denen künstlerische, philologische oder lizenzrechtliche Gründe einer Änderung entgegenstehen.
Alle Rechte vorbehalten
Fotomechanische Wiedergabe nur mit Genehmigung des Verlages
© Ernst Klett Verlag GmbH, Stuttgart 1998
Internetadresse: http://www.klett-verlag.de/klett-lerntraining
E-Mail: klett-kundenservice@klett-mail.de
Satz: Wilhelm Röck, Weinsberg
Umschlagabbildung: © Ullstein Bilderdienst
Druck: Wilhelm Röck, Weinsberg
Einbandgestaltung: Bayerl & Ost, Frankfurt/M.
ISBN 3-12-922358-4

Inhalt

1. Die Handlung des Romans

1. Teil

Die ersten acht Lebensjahre des Helden Grenouille

Einführung des Helden

Im Frankreich des 18. Jahrhunderts, so berichtet uns einleitend der Romanerzähler, lebt eine Gestalt namens Jean-Baptiste Grenouille, die „zu den genialsten und abscheulichsten Gestalten" dieser Epoche gehört. Die Welt dieses Helden ist das „Reich der Gerüche", das „uns moderne[n] Menschen" schon im ersten Kapitel durch eine Art Gestankgemälde der französischen Gesellschaft veranschaulicht wird.

Geburt

Der Geburtsort des Helden liegt unter dem Schlachttisch einer Fischbude am „allerstinkendsten Ort des gesamten Königreichs", dem 800 Jahre alten Pariser Friedhof Cimetière des Innocents. Hier beginnt die Geschichte Grenouilles am 17. Juli 1738.

Mutter des Helden

Für seine Mutter, eine Fischbudenverkäuferin Mitte zwanzig, die gegen Gerüche abgestumpft ist, ist dies die fünfte Geburt. Entgegen den bisherigen „Totgeburten oder Halbtotgeburten" beginnt das mit einem Fischmesser abgenabelte „Ding" zu schreien, während die Mutter ohnmächtig zusammenbricht. Sie wird festgenommen, wegen Kindesmords verurteilt und Wochen nach der Geburt Grenouilles auf der Place de Grève enthauptet.

Die Ammen

Wie damals für Findlinge und Waisen üblich wird Grenouille von Staats wegen einer bezahlten Amme zugewiesen. Zum Zeitpunkt der Hinrichtung seiner Mutter wird er allerdings schon von der dritten Amme versorgt, weil seine Sauggier „ein rentables Stillen" unmöglich macht. Der drohenden Gefahr, in das staatliche Großfindelheim nach Rouen transportiert zu werden, entgeht der Säugling nur mit Glück und landet schließlich in den Händen des Klosters von Saint-Merri in Paris, das ihn für drei Francs pro Woche wiederum einer Amme namens Jeanne Bussie übergibt.

Pater Terrier

Wochen später bringt die Amme den unersättlichen „Bastard der Kindermörderin aus der Rue aux Fers" wieder in die Obhut des Klosters zurück. In einem Dialog mit dem zuständigen Pater Terrier benennt die Amme Bussie ihre Gründe. Grenouille sei vom Teufel besessen und er rieche überhaupt nicht.

Entdeckung der Geruchlosigkeit

Pater Terrier, den der Auftritt der Amme und deren Teufelsvision zu einem theologischen Exkurs über Aufklärung und Aberglaube führt, muss zwar ebenfalls feststellen, dass der ihm überlassene Säugling nicht rieche, er rationalisiert diesen Umstand allerdings durch die Überzeugung, dass Menschenduft sündiger Duft sei und dass daher unschuldige Säuglinge gar nicht riechen dürften. Erweckt das schlafende Kind in Terrier anfangs noch sentimentale Vater-Sohn-Fantasien, so verwandelt sich das erwachende Kind unter den Augen des Paters rasch in ein „feindseliges Animal".

Grenouilles Näschen

Die Nase Grenouilles wird schon mit ihrer ersten Erwähnung zum enthüllenden Bedrohungsinstrument. Schamlos abgerochen fühlt sich Terrier durch „das geruchlose Kind", entblößt durch ein Geruchsorgan, das den „Näpfe[n]... fleischfressende[r] Pflanzen" gleicht. Aus der liebevollen Zuwendung des Paters zu seinem „Duziduzi" wird die ekelerregende Abkehr von einem brüllenden Geruchsmonster, das es so rasch wie möglich wieder loszuwerden gilt. Eine gewisse Madame Gaillard, eine Amme außerhalb der Stadt Paris, erscheint Terrier als der geeignete Ort der Entsorgung. Dort gibt er Grenouille gegen eine einjährige Vorauszahlung ab und kehrt im Gefühl des Beflecktseins ins Kloster zurück, wo er nach gründlicher äußerer und innerer Reinigung aus der Welt des Romans abtritt („entschlief").

Die Amme Gaillard

„Für den kleinen Grenouille war das Etablissement der Madame Gaillard ein Segen", weiß uns der Erzähler schon im resümierenden Vorausblick zu berichten, obwohl uns als Leser die einleitenden Charakterisierungen und Lebensumstände der Amme Gaillard eher das Gegenteil hätten erwarten lassen. Vom Vater misshandelt und seither nicht nur den Geruchssinn, sondern jede Form von menschlicher Empfindungsfähigkeit verloren, lebt „diese abgestorbene Frau", noch keine dreißig Jahre alt, einzig mit dem Ziel, sich im Alter eine kleine Rente und „einen privaten Tod [zu] leisten". Nicht wie der prügelnde Ehemann, der im Krankenhaus der Armen an Cholera stirbt, will sie „verrecken", nicht teilnehmen an „diesem öffentlichen gemeinsamen Sterben mit Hunderten von fremden Menschen" und so geht sie von „vollkommene[r] Emotionslosigkeit" und einem „gnadenlosen Ordnungs- und Gerechtigkeitssinn" geprägt ihrer Ammentätigkeit nach. Das Kostgeld der „kleinen Pensionäre", von zwei Dutzend ist in kaufmännischer Stückzahl die Rede, stellt die Existenzgrundlage und Alterssicherung dar und so kann die winterbedingte „Verlustquote" von drei bis vier Zöglingen nur deshalb ertragen werden, weil Paris alljährlich „viel Ersatz [...] produzierte".

Grenouilles früheste Kindheit

In dieser Atmosphäre materiellen und emotionalen Elends verbringt der kleine Grenouille seine früheste Kindheit, ohne allerdings selbst die Situation als Mangel zu empfinden. Im Gegenteil: Hatte sich schon das Neugeborene unter dem Schlachttisch „*gegen* die Liebe und dennoch *für* das Leben entschieden", so bietet das Haus Gaillard die einzig mögliche Fortsetzung dieser Form des Vegetierens. Der Erzähler versäumt es allerdings in diesem Zusammenhang nicht, den Leser darauf hinzuweisen, dass der Welt und Grenouille „eine Menge Unheil" erspart geblieben wäre, hätte er sich nicht trotzig für das Leben, sondern für den „Weg von der Geburt zum Tode ohne den Umweg über das Leben" entschieden. So aber verfolgen wir weiter die Biografie Grenouilles, der im leitmotivisch wiederkehrenden Bild des „kleine[n] häßliche[n] Zeck" erste vampirhafte Züge gewinnt.

Abweichendes Verhalten

Während der seelische Kältestrom Grenouilles und seine Geruchlosigkeit in Madame Gaillard ein Spiegelbild finden und daher sein Überleben sichern, spüren die Mit-Zöglinge in Grenouilles Andersartigkeit eine Bedrohung, die sie sogar vor dessen Vernichtung nicht zurückschrecken lässt. Vor allem seine Geruchlosigkeit bereitet ihnen Angst, was in der Folge zu sozialer Isolation Grenouilles führt. Erst dreijährig lernt er laufen und spricht mit vier Jahren das erste Wort „Fische".

Die Aneignung der Welt um ihn herum aber vollzieht sich fast ausschließlich über intensive Geruchserlebnisse, die er gleichsam in „olfaktorische Begriffe" überträgt. Weil sich für ihn aber die „geruchlich wahrgenommene Welt" als unendlich viel reicher als die „Armut der Sprache" erweist, bleibt seine Sprachentwicklung gestört. Vor allem abstrakte Begriffe „ethischer und moralischer Natur" bleiben ihm sein Leben lang fremd, weil sie keine Geruchsentsprechung besitzen. In seiner Fähigkeit, mit sechs Jahren die Umgebung olfaktorisch vollständig zu erschließen und im Beherrschen eines differenzierten „Alphabet[s] der Gerüche" sieht der Erzähler „die schöpferische Tätigkeit des Wunderkinds Grenouille". Diese besondere Begabung aber ist es wiederum, die die Verschlossenheit und Ausgrenzung des Kindes fördert und ihm sogar anlässlich eines eineinhalbjährigen Pfarrschulenbesuchs das Stigma der Schwachsinnigkeit beschert.

Olfaktorische Begabung/moralische Armut

Einzig Madame Gaillard erkennt Grenouilles fast übernatürliche Fähigkeiten, ohne sich diese auch nur in Ansätzen erklären zu können. Überzeugt davon, ihr Zögling könne unter anderem durch Wände und Balken hindurchsehen, dort verstecktes Geld aufspüren und er besitze gar „das zweite Gesicht", das „Unheil und Tod" ankündige, beschließt sie, Grenouille nach Ablauf der mit dem Kloster von Saint-Merri vereinbarten 8-jährigen Kostzeit einem Gerber namens Grimal als billige Arbeitskraft zu übergeben. Obwohl sie weiß, dass wegen der lebensgefährlichen Arbeitsbedingungen „Grenouille in Grimals Gerberwerkstatt nach menschlichem Ermessen keine Überlebenschance besaß", überlässt sie ihn gegen 15 Francs Provision dem Gerber im Bewusstsein, das „Pflegeverhältnis" korrekt beendet zu haben.

Der Zögling als Bedrohung/Ende der Ammentätigkeit

Die Romanhandlung wird an dieser Stelle durch

einen Einschub unterbrochen, in dem der Erzähler kurz die letzte Lebensphase von Madame Gaillard referiert. Fast 70-jährig gibt sie ihr Gewerbe als Amme auf und zieht sich, ausgestattet mit einer kleinen Rente, in ein Häuschen zurück, wo sie in der Erwartung eines „privaten" Todes lebt. Was jedoch folgt, ist ein fast 20 Jahre andauerndes Martyrium, das nach dem völligen materiellen Ruin und körperlichen Zerfall Madame Gaillards dort endet, wo bereits das Schicksal ihres Mannes besiegelt wurde: in der Anonymität und Öffentlichkeit eines Sterbesaales im Hôtel-Dieu. Ein Massengrab vor den Toren der Stadt markiert im Jahre 1799 das Ende der Geschichte Madame Gaillards und ihres Glaubens an einen privaten Tod.

Grenouille übersteht das erste Jahr seiner „mehr tierischen als menschlichen Existenz" in der Werkstatt Grimals nur dank seiner zeckenhaften Anpassungsfähigkeit. Selbst die gewöhnlich tödlich verlaufende Gerberkrankheit, der Milzbrand, kann den 10-Jährigen nicht zerstören. Als auszubeutende Arbeitskraft fast unersetzbar, gewährt Grimal dem 12-jährigen Grenouille „den halben Sonntag frei", dem Dreizehnjährigen „sogar wochentags am Abend nach der Arbeit eine Stunde lang weggehen und tun, was er wollte".

Mit diesen Freiheiten beginnt die eigentliche Geruchsbiografie Grenouilles, weil sie ihm den Einstieg in das „größte Geruchsrevier der Welt", die Stadt Paris, eröffnen. Auf seinen Streifzügen durch die Stadt erschließt er sich das verwirrende Duft- und Geruchspanorama, zerlegt Vermischtes in seine einzelnen Bestandteile und legt sich gleichsam einen Geruchsplan von Paris an. Das „Jagdgebiet" seiner Nase eröffnet ihm auch einen Einblick in die soziale Topografie dieser Metropole, so als er in den Wohnvierteln der Reichen, im Sorbonneviertel und im Faubourg Saint-Germain, „zum ersten Mal Parfums im eigentlichen Sinn des Wortes roch". In diesem Zusammenhang wird Grenouille auch die Funktion der Parfums, „berauschend und anziehend zu wirken", bewusst. Einem besessenen Sammler gleich, versucht sich Grenouille zunächst die Welt der Gerüche vollständig und ohne Ordnungsmuster anzueignen. Doch der besessene Sammler ist nur die Vorstufe des besessenen Duftproduzenten, dessen Duftkombinationen sich anfangs noch ausschließlich in seiner Fantasie und „ohne erkennbares schöpferisches Prinzip" abspielen.

Der 1. September 1753, der Jahrestag der Thronbesteigung des Königs, markiert für den 15-jährigen Gerberlehrling Grenouille ein Schlüsselerlebnis. Doch nicht dem Feuerwerksspektakel zu Ehren des Königs, das die Massen verzückt, gilt seine ganze Aufmerksamkeit, sondern dem Hauch „von etwas Niegerochenem", der ihn schlafwandlerisch zielsicher durch die Gassen der Stadt in jenen Hinterhof der Rue des Marais führt, wo sich „die Quelle" seiner Geruchsfaszination als ein 13- oder 14-jähriges Mirabellen putzendes Mädchen entpuppt.

Einzigartige Duftverführung

Galten Grenouille Menschengerüche bis zu diesem Augenblick als „nichtssagend oder miserabel", so glaubt er in dem Mädchenduft „das höhere Prinzip, nach dessen Vorbild sich die andern ordnen mußten", zu erfassen.

Verblendet von der Gier, diesen Duft für immer zu besitzen, erwürgt Grenouille das Mädchen, um es vollständig abzuriechen und den Geruch in seinen „innern Schotten dicht [zu] verschließen". Der Mord wird entdeckt, als Grenouille sich schon längst wieder am anderen Ufer der Seine auf seinem Nachtlager befindet. Im Zustand vollständiger Glückseligkeit erscheint ihm der „prägende Duft dieses Mädchens aus der Rue des Marais" als neue Lebensbestimmung.

1. Mädchenmord

Er sieht sich als „Genie", das die „höhere Bestimmung habe, [...] die Welt der Düfte zu revolutionieren". Er glaubt sich aufgerufen, „der größte Parfumeur aller Zeiten" zu werden. Und während vom Bild des Mädchens schon Tage danach nur noch „das Prinzip ihres Dufts" in Grenouille gespeichert ist, beginnt er mit der „systematische[n] Ordnung seines bisher völlig undifferenzierten Duftrepertoires".

Grenouilles Berufung

Diese Entwicklung Grenouilles leitet über in die Welt der Parfumeure von Paris, als deren Reprä-

Baldinis Krise

sentant uns der Parfumeur und Handschuhmacher Giuseppe Baldini vorgestellt wird. Sein Geschäft, das einst zu den feinsten Adressen der Stadt gehörte, droht nun durch das überquellende Angebot an Essenzen, Pasten, Pastillen und das damit verbundene „unbeschreibliche Chaos von Düften", das sich im Hause des Meisters zunehmend verbreitet, im wirtschaftlichen Ruin zu enden.

Marktgesetz des Duftgewerbes

In diesem Niedergang zeigt sich aber zugleich das Gesetz des Marktes, der mit der Schaffung immer neuer Moden und Duftkreationen einen enormen Druck auf das eher traditionelle Zunftgewerbe der „Parfumeur et Gantier" ausübt. So vollzieht sich der Niedergang Baldinis parallel zum Aufstieg des „Essigsieders" und Emporkömmlings Pélissier, dessen Parfum „Amor und Psyche" den Parfumsektor zu revolutionieren droht. Als letzter fast schon entwürdigender Ausweg erscheint Baldini der Versuch, Pélissiers Parfum zu kopieren. Doch der alte Meister, der in dieser Situation selbstkritisch bekennt, nie wirklich ein Parfum erfunden zu haben, nur Handwerker und niemals Alchimist gewesen zu sein, scheitert an der Analyse. Baldinis Entschluss, sein Geschäft zu verkaufen und sich zurückzuziehen, scheint festzustehen, als sich am Dienstboteneingang eine kleinwüchsige Gestalt ankündigt, um ein Ziegenleder aus dem Hause des Gerbers Grimal abzugeben. Diese Gestalt ist Grenouille.

1. Begegnung Grenouille/Baldini

Grenouille, der erstmals in seinem Leben das Innere einer Parfumerie wahrnimmt, scheint sich sofort darüber im Klaren zu sein „daß er hier bleiben werde, daß er von hier die Welt aus den Angeln heben würde". Seine Bitte um Arbeit wird von Baldini zunächst zurückgewiesen, doch Grenouilles spontane Entschlüsselung des Parfums „Amor und Psyche" irritiert ihn. Was sich ihm zunächst als „storaxkrächzendes Häuflein Mensch", als „Gnom", als „Holzkopf", als „kleiner Betrüger" darstellt, erweckt seine Neugier und so beschließt er, das „Talent dieses unheimlichen Jungen", der von sich behauptet, „die beste Nase von Paris" zu haben, zu erforschen.

Während für Baldini die Parfumherstellung ein analytisches Verfahren und Methoden komplizierter Mischprozesse von Duftessenzen verlangt, stellt Grenouille mit seiner Arbeitsweise „die parfümistische Weltordnung auf den Kopf" und mit innerlicher Wut und Entsetzen muss Meister Baldini erkennen, dass Grenouille ohne Formel und ohne Messen nicht nur eine präzise Kopie von „Amor und Psyche" herzustellen, sondern durch geringe Veränderungen auch einen neuen Duft zu kreieren vermag, der als „Nuit Napolitaine" die europäische Parfumgeschichte verändern sollte.

1. Duftkreation Grenouilles

Ohne den Gerber Grimal in die Hintergründe von Grenouilles Auftritt einzuführen, handelt ihm Baldini am Morgen danach den 16-jährigen Gerberlehrling gegen den stattlichen Betrag von 20 Livre ab. Grimal, überzeugt, ein hervorragendes Geschäft gemacht zu haben, betrinkt sich daraufhin, stürzt im Suff in die Seine und findet letztmals im Roman seine Erwähnung als „ehemaliger Brotherr" von Grenouille, „alle viere von sich gestreckt", die kalte Seine hinabtreibend.

Geschäft mit Grenouille/ Tod Grimals

Mit Grenouilles Erscheinen ist der Aufstieg des Parfum-Hauses Baldini zu europäischem Glanz verbunden. Was auch immer aus der Werkstatt seines neuen Zauberlehrlings kommt, wird ein Publikumserfolg, ohne dass selbst Chénier, Baldinis Geselle, der eigentliche Urheber dieses Phänomens bewusst geworden wäre.

Baldinis Aufstieg

Baldini, der das Geheimnis jener völlig chaotischen Duftherstellung zu lüften versucht, verlangt von Grenouille ein handwerklich „disziplinierendes Verfahren", das es dem Meister ermögliche, jedes Parfum aus der Hexenküche Grenouilles in eine „synthetische Vorschrift" zu übertragen. So gelingt es Baldini im Laufe der Zeit „die Rezepturen sämtlicher Parfums" mit Hilfe „seiner schriftlichen Formelsammlung" zu dokumentieren, was ihm die Möglichkeit gibt, „Grenouilles Wunder selbst nachzuvollziehen". Grenouille seinerseits lernt in Baldinis Werkstatt jene „handwerklichen Verfahren, nach denen man Duftstoffe herstellte, isolierte, konzentrierte, konservierte und somit für eine höhere Verwendung überhaupt erst verfügbar

Geniale Intuition contra handwerkliches Verfahren

machte". Ob in der Kunst des Seifenkochens, ob im Trocknen von Blüten und Kräutern, ob im Verfahren der Destillation, überall erweist sich Grenouille als der geduldig gelehrige Schüler. Gerade jene Methode der Destillation nimmt Grenouille besonders gefangen, weil er in ihr die Möglichkeit erkennt „den Dingen ihre duftende Seele zu entreißen". So sehr sich Grenouille auch auf dem Gebiet des Destillierens als Spezialist entwickelt, muss er am Ende doch die Grenzen dieses Verfahrens erkennen. Sein eigentlicher Wunsch mit Hilfe dieser Methode wenigstens einen Tropfen jener „radikal neue[n] Düfte zu erzeugen", die er in seinem Innern trug, scheitert, weil er physikalische Gesetzmäßigkeiten nicht außer Kraft zu setzen vermag. Grenouilles Enttäuschung folgt eine lebensbedrohliche Krankheit.

Flucht in die Krankheit

Diese fällt in eine Phase hochfliegender Geschäftsträume Baldinis. Sieht sich dieser kurz vor dem Ziel, als königlicher Hofparfumeur Geschichte zu machen, droht jener binnen 48 Stunden abzuleben. „In einem Jahr hätte er getrost sterben dürfen. Aber nein! Er starb jetzt, Herrgottsakrament", beklagt nüchtern kalkulierend Baldini und unternimmt einen letzten Versuch, Grenouille wenigstens noch durch eine „parfümistische Beichte" auszuplündern.

Wundersame Heilung/Enfleurage als Hoffnung

„Gibt es noch andre Mittel als das Pressen oder Destillieren, um aus einem Körper Duft zu gewinnen", will der Sterbende von seinem Meister wissen. Als dieser ihn auf die Verfahren der „enfleurage" verweist, die dem Destillieren „in vieler Hinsicht überlegen" seien und die in der Stadt Grasse zur Gewinnung der feinsten aller Blüten benutzt würden, fällt Grenouille in einen Heilschlaf und ist innerhalb weniger Tage genesen.

Baldinis Höhepunkt/Grenouilles Abschied

Während der folgenden drei Jahre verwirklicht Baldini mit Hilfe Grenouilles seine Träume und steigt zum unumstritten größten Parfumeur Europas und zum reichsten Bürger von Paris auf. Als Gegenleistung entspricht er im Jahre 1756 Grenouilles Bitte, ihn, ausgestattet mit dem Gesellenbrief, in die Freiheit zu entlassen, nicht ohne sich durch einen Schwur zu versichern, dass Grenouille niemals wieder nach Paris zurückkehren und niemandem das Geheimnis der Parfumherstellung anvertrauen werde. Als 18-Jähriger verlässt der Geselle die Werkstatt Baldinis durch eben jenen Dienstboteneingang, durch den er sie als 12-jähriger Gerberlehrling betreten hat.

Baldini, im Glauben, durch den Weggang des „unheimliche[n] Gast[es]" nicht nur seinen Erfolg, sondern vor allem das eigentliche Geheimnis seines Erfolges für immer für sich bewahren zu können, wird in der folgenden Nacht das Opfer einer „klein[en] Katastrophe". Beim nächtlichen Einsturz eines Brückenteils des Pont au Change verschwindet sein Haus in den Fluten der Seine und mit ihm selbst seine Frau Teresa, ein prall gefüllter Geldschrank und sein am besten gehüteter Schatz: jenes Büchlein mit sechshundert Formeln, in denen er Grenouilles Genie festzuhalten glaubte.

2. Teil

Grenouille auf der Suche nach seiner Identität

Weg von Paris

Die Abkehr von Paris und seine Wanderschaft nach Süden bedeuten für Grenouille eine Befreiung. Entgegen seinem ursprünglichen Plan, schnellstmöglich Grasse zu erreichen, treibt ihn allerdings seine Nase zu einem Ort größtmöglicher Einsamkeit. Zunehmend dem „stickigen Menschenklima" überdrüssig, findet Grenouille diesen Ort in einer Augustnacht des Jahres 1756 auf dem Gipfel des Vulkans „Plomb du Cantal". Hier am „menschenentfernteste[n] Punkt", der vollständigen Gegenwelt zu Paris, zieht sich Grenouille in eine Höhle zurück, um unter den Bedingungen vollständiger Isolation in verschiedenen Traumreisen sein „inneres Imperium" zu erschließen.

Am Ende seines siebenjährigen Seelentheaters, einem Wechselspiel voller Exzesse, Omnipotenzfantasien und Entsagungen, steht die Erfahrung einer „inneren Katastrophe". Was sich im Traum als Vision eigener Geruchlosigkeit ankündigt, wird für Grenouille im Wachzustand zur furchtbaren Gewissheit, „daß er selbst geruchlos war". Im Bewusstsein dessen verlässt er „noch in derselben Nacht den Plomb du Cantal in südlicher Richtung".

Die Rückkehr des 25-jährigen Grenouille in die menschliche Zivilisation gerät zur Sensation, auch wenn Grenouille mit einer erfundenen Entführungsgeschichte seinem Schicksal einen rationalen Grund zu geben versucht.

Zu jener Zeit nämlich forscht ein gewisser Marquis de la Taillade-Espinasse an der Theorie eines Verwesungsgases „fluidum letale", das den Zerfallsprozess alles Lebendigen erkläre. Je näher das Lebendige der Erde, desto stärker sei es dem Letalgas verfallen, so seine These, die der Marquis an Grenouilles Erscheinungsbild bestätigt zu finden glaubt. Ein vom Marquis ebenfalls erfundener „Vitalluftventilationsapparat" vermöge den früheren Gesundheitszustand wiederherzustellen, weshalb er Grenouille bittet, sich ihm als „wissenschaftliches Demonstrationsobjekt zur Verfügung zu stellen". In der Aula der Universität von Montpellier wird Grenouille als „wissenschaftliche Sensation des Jahres" einer umfangreichen Gelehrtengesellschaft vorgeführt. In einer mehrtägigen „Entseuchungs- und Revitalisierungskur" vollzieht sich unter den Augen des Marquis scheinbar die bürgerliche Menschwerdung Grenouilles vom „Tier" zum „Monsieur".

Grenouille durchschaut jedoch diesen „Ventilationshokuspokus" und erkennt, dass „einzig und allein die paar Kleider, der Haarschnitt und das bißchen kosmetischer Maskerade" den Mensch zum Menschen machen. Im Wissen um die Machbarkeit einer solchen Maske und ihre Wirkung beschließt Grenouille seine „verkleidete, maskierte, geruchlose Gestalt" zu vervollkommnen.

Was Grenouille und damit seiner Maske fehlt, ist

der eigene Menschengeruch. Um in dessen Besitz zu gelangen, fingiert Grenouille einen Schwindelanfall und erfleht unter gespielter „Leidenssymptomatik" vom Marquis die Möglichkeit, sich „ein eigenes Parfum zu entwerfen". Der Marquis, um die Gesundheit seines Demonstrationsobjektes fürchtend, eröffnet Grenouille die Möglichkeit, im Atelier eines gewissen Runel, Parfumeur in Montpellier, seinen Plan zu verwirklichen. Aus einer „grauenvollen Basis" von Katzendreck, Essig, Käse und Sardinen entsteht das Imitat eines Menschengeruches, von dem Grenouille weiß, dass es „doch geschickt genug [sei], um andere zu täuschen".

Die Wirkung seines Menschlichkeitsparfums in den Gassen Montpelliers ist verblüffend, und zum erstenmal in seinem Leben spürt Grenouille, dass der menschliche Geruch als Wesensmerkmal alles Menschlichen über Isolation oder gesellschaftliche Akzeptanz entscheidet. Zugleich aber erahnt er die Möglichkeiten, die ihm seine Fähigkeit, „den Duft des Menschen nachzuschaffen", eröffnet. „Wer die Gerüche beherrschte", das ist die eigentliche Botschaft der Wirkung seines selbstgeschaffenen Menschengeruchs, „der beherrschte die Herzen der Menschen", und im euphorischen Bewusstsein dieser Macht fasst Grenouille den Plan, „Menschen zu beherrschen".

Marquis de la Taillade-Espinasse, von der Faszination seiner wirren „fluidalen Letaltheorie" völlig gefangen genommen, bleibt die eigentliche Ursache von Grenouilles Wandlung verborgen. Vielmehr glaubt er in der Wirkung von Grenouilles neugeschaffenem Parfum ebenfalls eine Bestätigung seiner Hypothesen zu finden. Eine zweite Präsentation „des Höhlenmenschen" Grenouille vor der versammelten Gelehrtenwelt Montpelliers wird ein „fulminanter Erfolg". Doch während die Ovationen für die Verwandlung vom „verrohte[n] Tier" zum „zivilisierte[n], wohlgestaltctc[n] Mensch[en]" eigentlich Taillade und seiner Theorie gelten, sind sie für Grenouille die letzte Bestätigung für die verführerische Wirkung seines selbstgeschaffenen neuen Menschenparfums.

Grenouilles Erkenntnis, dass ihn erst sein „künstlicher Geruch" gesellschaftsfähig gemacht habe, bestätigt sich in den Wochen danach, in denen er als begehrter Gast verschiedener Salons jene Sicherheit erwirbt, die geselliger Umgang verlangt. Nicht der Umgang mit Menschen in Montpellier, sondern die Duftvision Grasse ist jedoch das Ziel Grenouilles und so flieht er, äußerlich verkleidet und an diesem Tage auf sein Parfum verzichtend, unerkannt von den Wachen an den Stadttoren.

Der Marquis, zunächst erbost wegen der entgangenen Gelegenheit, mit seinem Demonstrationsobjekt Grenouille eine Werbetournee durchs Königreich zu veranstalten, erlangt dennoch den erhofften Ruhm. Im Jahre 1764 unternimmt er zusammen mit einer Gruppe seiner Anhänger eine Expedition auf den Pic du Canigou in den Pyrenäen, auf dem er in einem Selbstversuch die verjüngende Wirkung seiner Vitallufttheorie zu bestätigen hofft. Statt als 20-jähriger Jüngling zurückzukehren, bleibt der im Greisenalter stehende Marquis jedoch für immer verschollen, was seiner Lehre nur noch ein weiteres Faszinosum verleiht.

3. Teil

Die Duftwelt von Grasse

Innerhalb von sieben Tagen erreicht Grenouille Grasse, das „Rom der Düfte", in das ihn die noch unbekannten „Techniken der Duftgewinnung" treiben. Schmutz, Schmuddeligkeit, Enge, gewerbliche Betriebsamkeit, Duftgroßkontore, versteckter und verdeckter Reichtum, dies sind seine ersten flüchtigen Eindrücke.

Vor einem jener zahlreichen unscheinbaren Palazzi stehend wird er plötzlich von einem Geruch gefangen genommen, „wie er ihn in seinem Leben noch nicht – oder doch nur ein einziges Mal – in die Nase bekommen hatte". Gebannt folgt er der Witterung und indem sich die Erinnerung an jenes rothaarige Mädchen in der Rue des Marais zu Paris einstellt, befindet sich Grenouille vor einem Garten, in dem er die Quelle seiner Duftglückseligkeit verborgen weiß.

Er sieht „in seiner olfaktorischen Vorstellung wie auf einem Bilde" ein Mädchen vor sich, dessen noch kindliche Schönheit er detailliert zu beschreiben vermag. „Diese fast noch geschlossene Blüte [...] duftete schon jetzt so haarsträubend himmlisch", dass Genouille in ihrer bevorstehenden Entfaltung den Inbegriff aller Düfte wahrnimmt.

Duftbild des Mädchens

Diesen Duft für immer in Besitz zu nehmen, „nicht auf so vergebliche und täppische Weise [...] wie damals den Duft des Mädchens aus der Rue des Marais", das wird Grenouilles neues Lebensziel. Wie es ihm gelingen könnte, diesen Duft „zu seinem eigenen Duft [zu] machen", dies zu lernen gibt er sich zwei Jahre Zeit. Dann würde er sich für die „Ernte gerüstet" glauben, mit der er im Klartext den zweiten Mädchenmord beschließt.

Duftbesitz als Lebensziel

Sich ein neues Verfahren für die Bewahrung des Duftes anzueignen, mit diesem Vorsatz nimmt Grenouille im Hause des Parfumeurs Arnulfi eine Gesellenstelle an. Nach dem Tode des Patrons waren dessen Atelier und Werkstatt allein durch seine Frau und einen Gesellen namens Druot weitergeführt worden.

Gesellentätigkeit im Parfum-Haus Arnulfi

Hier lernt Grenouille die Prozedur der „Mazeration" kennen, ein Verfahren, bei dem mittels der Verflüssigung und Erhitzen von Talg den Blumenblüten der Duft entzogen wird. Ganz besonders edle Düfte, wie die des Jasmins und der Nachthyazinthe, verlangen gar eine noch aufwendigere Methode, die der „kalten Enfleurage", um gebannt zu werden. Grenouille wird klar, dass letzteres Verfahren „das raffinierteste und wirksamste Mittel" darstellt, „zarte Düfte einzufangen". Nun, da er die Technik beherrscht, Düfte zu bewahren, experimentiert Grenouille. Rasch steigert sich seine Besessenheit von der Gewinnung der Düfte lebloser Dinge zu „lebenden Objekten", und so dienen ihm bald auch Ratten, Katzen und ein kleiner Hund als mörderisches Experimentierfeld, „einem

Verfahren der Duftgewinnung

lebenden Wesen die duftende Seele zu rauben" und diese zu materialisieren.

Sein eigentliches Ziel aber gilt der Aneignung des Duftes „*gewisser* Menschen: jener äußerst seltenen Menschen nämlich, die Liebe inspirieren. Diese waren seine Opfer." Und unter diesen „gewissen Menschen" gibt es einen, jenes bisher nur errochene Mädchen im Garten an der Stadtmauer, dem seine ganze Duftgier gilt. Gleichsam um den Reifezustand dieser Blüte zu prüfen, begibt sich Grenouille, genau ein Jahr nach seiner Ankunft in Grasse, an dieselbe Stelle der Stadtmauer, um „zutiefst beglückt" seine erotischen Duftfantasien bestätigt zu finden. Der Besitz dieses Mädchens, nicht als flüchtigen, sondern wenn irgend möglich als dauerhaft gebundenen Geruch, ist für Grenouille im folgenden Jahr nur noch ein „parfümistisches Problem".

Mädchenmorde

Der Bericht des Erzählers, man habe in Grasse und Umgebung binnen weniger Monate „vierundzwanzig der schönsten Jungfrauen aus allen Schichten" ermordet aufgefunden, ohne den Täter fassen zu können, offenbart dem Leser, wie Grenouille sein „parfümistisches Problem" zu lösen versucht. Die Opfer waren alle nackt und geschoren, aber „alle unberührt geblieben", was die Irritation über den Täter und seine Motive nur noch förderte. Gängige Verdächtigungsmuster wie „Zigeuner", „italienische Wanderarbeiter" oder „Juden" erwiesen sich als haltlos. In ihrer letzten Verzweiflung wandten sich die Bürger der Stadt an den Bischof mit der Bitte, gegen den Täter einen feierlichen Bann auszusprechen. Als unmittelbar darauf das Morden ein Ende nahm, hielt man die „Bestie" für vertrieben und Monate darauf schien der Spuk schon fast vergessen.

Ahnungen Antoine Richis

Nur der vermögendste Bürger der Stadt, Antoine Richis, Witwer und Vater einer Tochter namens Laure, hält den Frieden für trügerisch. Der Hinweis des Erzählers auf dessen Anwesen am „Beginn der Rue Droite" signalisiert dem Leser sofort, dass er Laure schon aus der Duftwahrnehmung Grenouilles kennt, und so ist für ihn schon Realität, was für Antoine Richis noch unbestimmte Ahnung ist: die Bedrohung seiner Tochter durch den Mädchenmörder.

Antoine Richis hat sich über die Zukunft seiner Tochter schon mit einem Grafen geeinigt. Eine Heirat der 16-jährigen Laure mit dessen Sohn sollte dem angesehenen und wohlhabenden Bürger den Zugang zur „provenzalischen Nobilität" eröffnen und ihm damit den erhofften gesellschaftlichen und politischen Einfluss verschaffen.

Tochter Laure

Und gerade jetzt, da die Menschen um ihn herum den Mädchenmörder schon besiegt zu haben glauben, setzt sich in Antoine Richis die Angst um die Tochter „wie ein häßliches Gift" fest. Diese Angst scheint ihm um so begründeter, als ihm, dem die Tochter als „das Kostbarste" gilt, nicht verborgen bleibt, wie sich der noch „kindliche Zauber" Laures zu einer Verführungsgewalt entwickelt, der er selbst als Vater zu erliegen droht. Die Verlustängste des Vaters um die Tochter mehren sich, weil Antoine Richis nüchtern analysierend die Gedankengänge des Mädchenmörders nachzuvollziehen, ja zu antizipieren vermag. „Der Mörder besaß einen exquisiten Geschmack. Und er besaß ein System", stellt Richis fast anerkennend fest. Er vermutet in dem Serientäter einen „Sammler von Schönheit", der am „Bildnis der Vollkommenheit" arbeite, „und sei es auch nur in der Phantasie seines kranken Hirns". Die „entsetzliche Folgerung", die er aus dieser perversen Logik ziehen muss, ist die Gewissheit, dass seine Tochter Laure der Gipfelpunkt dieses Mordwerks sein soll. Doch in der Stunde der Gewissheit um die höchste Gefahr glaubt sich Antoine Richis dem Mörder, seinem „Konkurrenten um den Besitz an Laure", überlegen.

Väterliche Angst/ väterliche Lust

Er entwirft einen raffinierten Fluchtplan, an dessen Ende auf Umwegen die ja bereits geplante Hochzeit der Tochter in Grasse „in aller Öffentlichkeit" stattfinden sollte. Laure als „verheiratete Frau, defloriert und womöglich schon geschwängert, paßte nicht mehr" in die Galerie dieses Mördertypus, davon ist Antoine Richis überzeugt und verlässt am Morgen in einer kleinen Karawane von Packpferden und Mauleseln

Fluchtplan Richis

mit Tochter, Dienern und Knechten die Stadt. Während sich der eigentliche Tross zur Täuschung Richtung Grenoble begibt, schlägt Antoine Richis mit seiner Tochter, nur von der Zofe Laures begleitet, zu Pferd den Weg in Richtung Cannes am Mittelmeer ein, von wo aus man Laure vorübergehend in ein sicheres Kloster auf einer der vorgelagerten Inseln zu bringen hofft.

Grenouille vor dem Ziel

Zum Zeitpunkt der Flucht Richis' und seiner Tochter Laure befindet sich Grenouille bei der Arbeit im Atelier Arnulfis und sieht sich kurz vor der Krönung seines Lebensziels. „Vierundzwanzig winzige Flakons mit der zu Tropfen geronnenen Aura von vierundzwanzig Jungfrauen – kostbarste Essenzen, die Grenouille im vergangenen Jahr durch kalte Fettenfleurage der Körper, Digerieren von Haaren und Kleidern, Lavage und Destillation gewonnen hatte", waren schon in seinem Besitz und mit dem heutigen Tage hofft er sich „die köstlichste und wichtigste" Jungfrau zu holen. Ging alles gut, so würde er schon übermorgen „als der bestriechende Mensch auf Erden" Grasse für immer verlassen.

Gefährdung des Ziels

Doch noch ein letztes Mal wird Grenouilles Zuversicht am Mittag erschüttert. „Im Duftkleid der Stadt [...] fehlte der goldene Faden" und Grenouille glaubt sich für einen Augenblick um die Frucht seiner ‚Arbeit' betrogen. Als ihm ganz beiläufig der zurückkehrende Geselle Druot von der Abreise der Karawane des Zweiten Konsuls aus Grasse Richtung Grenoble berichtet, weiß er sofort, was er zu tun hat und schnürt sein Bündel, das die Werkzeuge und Materialien menschlicher Duftaneignung enthält.

Die Verfolgung

Nicht dem Weg Richtung Grenoble, den ihm die Wachposten der Stadt im Vertrauen auf ihre eigenen Augen weisen, folgt er, sondern dem Weg Richtung Süden, den ihm seine untrügliche Nase weist. Schon gegen fünf Uhr nachmittags erreicht er eben jenen Ort La Napoule, den auch der listige Antoine Richis mit Tochter und Zofe zu erreichen sucht, und findet, sich als Gerbergeselle aus Nizza ausgebend, in einem Gasthaus ein Nachtlager.

Wenig später kehren die von Grenouilles Nase schon längst erwarteten drei Reiter, verkleidet und im Glauben, sie seien inkognito, im selben Gasthaus ein. Während die Frauen ihre Zimmer beziehen, führt der Hinweis des Wirts, nur noch ein Gerbergeselle aus Nizza nächtige hier, Antoine Richis in den Stall. Was er aber auf dem Stroh liegend und an einen Reisesack gelehnt vorfindet, beruhigt ihn. „Jedenfalls stand für Richis augenblicklich fest, daß von diesem geradezu rührend harmlosen Wesen nicht die geringste Gefahr zu befürchten war". Zufrieden mit dem bevorstehenden Gelingen seines Plans und frei von der Sorge um Laure begibt sich Richis nach dem Abendessen zu Bett und fällt „zum ersten Mal seit langer Zeit" in „einen tiefen, ruhigen und erquickenden Schlaf".
Grenouille selbst ist die Begegnung mit Richis keineswegs entgangen. Er hat sich nur schlafend gestellt, um Harmlosigkeit vorzutäuschen. Nun, in der Gewissheit, keinerlei Verdachtsmomente erregt zu haben, kann er „ans Werk" gehen.

Mit äußerster Sorgfalt und Präzision präpariert Grenouille ein leinenes „Dufttuch", ganz wie es das Verfahren der „kalten Enfleurage" erfordert, ein Ritual, das der Erzähler anerkennend als „eine künstlerische Technik" würdigt, dringt über eine Leiter von außen in die Kammer des Mädchens ein, wendet sich ihrem Bett zu und erschlägt sie mit einem Keulenschlag. Was folgt, ist für Grenouille „emsige Betriebsamkeit" und „wie ein Bäcker den Strudel" rollt er die Leiche Laures in das vorbereitete Tuch, um „sechs Stunden lang, bis der Morgen graute" zu warten, um dann den höchsten Duftgenuss zu ernten, den je ein Mensch besessen hatte. Diese Stunden empfindet Grenouille als „tätiges Warten", in denen sich für ihn „das Wesentliche tat", und in der Überzeugung, alles richtig gemacht und keinen Dufthauch verschwendet zu haben, sieht er sich am „Ziel seiner Wünsche" und erkennt in sich selbst „ein wirklich begnadetes Individuum".

Als er den Prozess der Duftgewinnung für beendet hält, löst er das „große enfleurierte Tuch" von der Toten, schnürt es zu einem Paket zusammen und verlässt die Kammer auf dem gleichen Weg, auf dem er gekommen war. Nicht einmal ein flüchtiger Blick gilt dem toten Mädchen, das Grenouille kein „einziges Mal in seinem Leben mit Augen" gesehen hat.

Entdeckung der Mordtat

Als Antoine Richis an diesem strahlenden Frühlingstag erwacht, um seine Tochter zu wecken, sehen wir ihn „begierig fast, sie noch im Schlaf vorzufinden, aus dem er sie wachküssen wollte, noch einmal, zum letzten Mal, ehe er sie einem andern Mann geben mußte". Doch der begehrliche Wunsch des Vaters weicht nach dem Öffnen der Kammer der Gewissheit jenes Alptraums, der Richis noch in Grasse verfolgt hatte. Er sieht „Laure auf dem Bett liegen, nackt und tot und kahlrasiert und blendend weiß".

Reaktionen auf die Tat

Mit der Nachricht vom Mord an Laure Richis kehrt die Angst noch furchtbarer in die Gegend der Stadt Grasse zurück als beim erstenmal. Konnte der Mörder „nicht einmal vor der heiligen Schönheit Laures" zurückschrecken, konnte nicht einmal ein so mächtiger Bürger wie Richis seine Tochter beschützen, so schienen alle Frauen und Töchter der Bestie ausgeliefert. Doch während die einen bei der Kirche Zuflucht suchen, andere sich okkulten Gruppen anschließen und Satansmessen lesen, einige gar den Methoden des Magnetismus, der Hypnose und der Telepathie huldigen, beginnt die Obrigkeit von Staat und Land dieses Mal eine „systematische Verfolgung" des Täters.

Verhaftung des Täters

Eine steckbriefliche Beschreibung mit dem Hinweis auf den etwas linkischen, hinkenden Gang des vermeintlichen Gerbergesellen aus Nizza führt nach einigen Denunziationen gegenüber unbescholtenen Gesellen zur Festnahme und Verhaftung Grenouilles. Ein Hauptmann der Stadtwache, den Grenouille nach dem Weg der Karawane Richis' gefragt hatte, gibt den entscheidenden Hinweis auf den Gesellen im Hause Arnulfi. Die Indizien gegen Grenouille sind erdrückend, man findet nicht nur die Kleider und Haare Laure Richis', sondern auch die der anderen vierundzwanzig Mädchen.

Der Verhaftung Grenouilles folgt seine von der

Sensationslust der Menge geforderte öffentliche Zurschaustellung. Doch der rechte Volkszorn will sich angesichts der dargebotenen Kreatur zunächst nicht einstellen: „Kein Mensch konnte es fassen, daß der windige, kleine, geduckte Mann dort oben am Fenster, dieses Würstchen, dieses armselige Häuflein, dieses Nichts, über zwei Dutzend Morde begangen haben sollte." Erst als man Grenouille, den wirklichen Mörder, in seine Zelle zurückführt, kehrt bei der Menge das bereits anfangs erwartete Bild eines typischen Mädchenmörders zurück, das „donnerndes Wut- und Rachegeschrei" auszulösen vermag.

Die Menge und der Mörder

Der Prozess gegen Grenouille, der geständig ist, verläuft zügig. Nur die Tatmotive für die Mädchenmorde bleiben für die Richter im Dunkeln und Grenouilles Erklärung „Ich habe sie gebraucht" deuten sie als Ausdruck von Geisteskrankheit.

Prozess/Urteil

Am 15. April 1766 wird Grenouille zum Tode verurteilt. Bei lebendigem Leibe soll er binnen vierundzwanzig Stunden vor den Toren der Stadt gekreuzigt und seine Leiche nächtens an einem unbekannten Ort begraben werden.

Die Vorbereitung der Hinrichtung gerät zu einem einträglichen Geldgeschäft. Ein Blick auf den Gefangenen durch die Zellenklappentür bringt den Wärtern Bares, die Fensterplätze am Hinrichtungsort werden zu „exorbitanten Preisen vermietet", fliegende Händler, Limonadenverkäufer und Plätzchenbäcker bevölkern die Stadt. Das bevorstehende Ereignis kommt einem „hohen Festtag" gleich, die Arbeit ruht, die Feiertagsgewänder kommen aus den Schränken, wer von Rang und Amt ist, der hält Uniform, Orden und Perücke bereit. Für das Volk soll der Hinrichtungstag ein „Tag der Befreiung" werden.

Hinrichtung als Spektakel

Währenddessen trauert im Hause Richis an der Rue Droite der Vater Tag und Nacht am Bett der toten Tochter, der er die bei Grenouille gefundenen Haare und Kleider gleichsam als Reliquien beilegt. Die Hinrichtung des Mörders will er von einem reservierten Platz in der vordersten Reihe aus erleben und dessen Todeskampf solange von

Richis Trauer und Rache

Angesicht zu Angesicht verfolgen, „bis das Ding verreckt war".

Das Schauspiel beginnt

Der Tag der Hinrichtung selbst gerät zum Jahrmarkt. Der „Cours", der Hinrichtungsplatz, auf dem das Schafott und das Kreuz bereitstehen, füllt sich schon Stunden vor dem auf „fünf Uhr nachmittags" festgesetzten Vollstreckungstermin. Das Erscheinen des Scharfrichters Papon und seines Gehilfen löst Jubel aus. Um vier Uhr ist die allein für die Honoratioren der Stadt errichtete Holztribüne ein getreues Spiegelbild dessen, was in Stadt und Land Namen und Einfluss hat.

Unerwartete Wende

Die Spannung und zugleich Verwirrung erreicht ihren Höhepunkt, als entgegen allen Erwartungen durch die freigehaltene Gasse von der Rue Droite bis zum Hinrichtungsplatz der geschlossene zweispännige Wagen des Polizeilieutnants mit livrierten Dienern und in Reiterbegleitung erscheint. Den Weg vom Gefängnis bis zum Schafott hat man sich für einen Delinquenten eigentlich anders vorgestellt. Als dann noch Grenouille ungefesselt und als freier Mann der Kutsche entsteigt, scheint die Wirklichkeit außer Kraft gesetzt zu werden. „Und dann geschah ein Wunder. Oder so etwas Ähnliches wie ein Wunder, nämlich etwas dermaßen Unbegreifliches, Unerhörtes, Unglaubliches".

Während nämlich Grenouille in blauem Rock, weißem Hemd, weißen Seidenstrümpfen und schwarzen Schnallenschuhen vor der Menge steht, fühlt sich diese „von einem Moment zum anderen von dem unerschütterlichen Glauben durchtränkt, [...] der kleine Mann [...] könne *unmöglich ein Mörder* sein".

Massenverführung/ Orgie

Doch die kollektive Wandlung des Publikums steht erst am Anfang. Aus dem Gefühl der Liebe gegenüber dem „kleine[n] Mann im blauen Rock" entwickeln sich zunächst noch zaghaft erotische Fantasien, um dann in „nackte Begehrlichkeit" umzuschlagen. Was als Hinrichtung geplant ist, endet als infernalische Kopulationsszene, die mit allen gesellschaftlichen Tabus und Schranken bricht. Grenouille aber, der diese Lust verursacht und selbst Objekt der Begierde ist, bleibt unbeteiligter Zuschauer und verachtet zynisch das Treiben.

Im Nebeneinander von „größtem Triumph seines Lebens" und der Unfähigkeit zum eigenen Genuss und zu eigener Liebe erahnt Grenouille seine Tragik. Zwar hat er mit Hilfe seines Parfums, „das vor den Menschen beliebt macht", eine „prometheische Tat vollbracht", den Aufstieg vom stinkenden Zeck und Scheusal zum vergötterten „Großen Grenouille", dem die Menschen huldigen und in dessen Namen sie Orgien feiern, aber der „Ekel" gegenüber jenen „stupiden, stinkenden, erotisierten Menschen" sitzt um so tiefer. Grenouilles Situation ist um so tragischer, als er mit seiner „angemaßte[n] Aura, seine[r] Duftmaske, sein[em] geraubten Parfum" jeden Blick in sein Inneres, „in seine wahre Existenz" verschließt und gerade dadurch verhindert, dass „sein einziges wahres Gefühl", der Hass, von den Menschen wahrgenommen wird. Und während ihm bewusst wird, dass hinter seiner täuschenden Maske letztendlich „nichts als seine totale Geruchlosigkeit" verborgen liegt, fühlt er jene entsetzlichen Nebel in sich hochsteigen, die ihn schon einmal in der Höhle des Plomb du Cantal verfolgten.

Grenouilles Größe und Tragik

Nur noch eine letzte Hoffnung bleibt Grenouille. In dem vom Richtplatz heranstürmenden Antoine Richis hofft er seinen „rächenden Engel" zu finden. Ihm konnte seine Maske, an der der „Duft seiner Tochter klebt", nicht verborgen bleiben, er würde ihn töten. Doch statt Erlösung erlebt Grenouille ein letztesmal die verheerende Wirkung seiner parfümierten Maske. Aus dem ersehnten Rächer wird ein um Vergebung und Liebe winselnder Vater, der Grenouille in völliger Verblendung als Sohn an die Stelle der von ihm ermordeten Tochter zu setzen versucht.

Richis wundersame Verwandlung

Nachdem Grenouille, das Bewusstsein verlierend, sich im Bett der Laure Richis wiederfindet, wo ihm Richis das Versprechen abnimmt, sein Sohn zu werden, nützt er den ersten sich bietenden Augenblick zur Flucht. Vorbei an den von der Orgie schon erschlafften „Menschendünsten", verlässt er Grasse in westlicher Richtung, „ohne sich noch ein einziges Mal umzuschauen".

Grenouilles Flucht aus Grasse

Bei den Bürgern von Grasse folgt dem Bewusst-

Ersatztäter Druot

werden jenes orgiastischen Massenwahns nicht die rationale Auseinandersetzung, sondern die Verdrängung. Letztere scheint umso perfekter zu gelingen, als man beschließt, den „Fall G." als erledigt zu betrachten und sich schon am folgenden Tage mit Dominique Druot, „Maître Parfumeur in der Rue de la Louve", ein neuer Täter findet. Das Geständnis des ehemaligen Gesellen aus dem Hause Arnulfi erpresst man durch Folter, und mit seiner Hinrichtung scheint „der Fall erledigt" und das Leben in Grasse in seine normalen Bahnen zurückzukehren.

4. Teil

Grenouilles Rückkehr nach Paris und sein Ende

Grenouilles Selbst-erkenntnis

Grenouille durchstreift Frankreich mit dem Ziel Paris, wo er am 25. Juni 1767 ankommt. Bei sich trägt er das Fläschchen selbstgemachten Parfums, das die Kraft besitzt „die ganze Welt zu verzaubern". Doch was nützt ihm diese gewaltige Macht, „wenn er sich selbst nicht riechen konnte", wenn ihm selbst jede eigene Identität fehlt, wenn er zugleich der Einzige ist, den sein göttliches Parfum nicht bezaubern kann: „Ich bin der einzige, für den es sinnlos ist."

Rückkehr an den Ort der Geburt

Er durchquert die Stadt, um genau an den Ort zurückzukehren, von dem sein Leben seinen Ausgang genommen hat. Am Cimetière des Innocents, jener stinkenden „Schutthalde des Todes", seinem Geburtsort, hält er inne, um zur nachmitternächtlichen Stunde dem gespenstischen Treiben des dort versammelten „Gesindel[s]" beizuwohnen. Er betritt den Kreis von „Dieben, Mördern, Messerstechern, Huren, Deserteuren, jugendlichen Desperados", entkorkt sein Fläschchen, besprenkelt sich mit dem Zauberduft und spürt, wie ein „rabiater Sog" von ihm ausgeht, der alsbald alle Dämme brechen lässt.

Grenouilles Auslö-schung

„Wie vom strahlenden Feuer" der Schönheit übergossen, wird Grenouille zum Objekt ungezähmter

26

Begierde und „wie die Hyänen fielen sie über ihn her" um in einem Akt des Kannibalismus den „Engel" aufzufressen.

Zurück bleibt die Runde der Ausgestoßenen und Entwurzelten, ohne „den geringsten Anflug von schlechtem Gewissen", vielmehr stolz darauf, „zum ersten Mal etwas aus Liebe" getan zu haben.

2. Die Figuren

Grenouille – das geniale Scheusal

Genialität und Abscheulichkeit

Jean-Baptiste Grenouille wird bereits mit den ersten Sätzen des Romans in einem von schroffen Kontrasten und Widersprüchen geprägten Spannungsgefüge vorgestellt: Lapidar bezeichnet der Erzähler seine Hauptfigur als „zu den genialsten und abscheulichsten Gestalten" (S. 5) seiner Epoche gehörig und nennt ihn in einem Atemzug mit ähnlich zwiespältigen Persönlichkeiten wie de Sade, Saint-Just, Fouché und Bonaparte (vgl. S. 5). In der so zugespitzten Zusammenstellung der Attribute „genial" und „abscheulich", bereits im zweiten Satz mit der Formulierung „geniales Scheusal" (vgl. S. 5) wieder aufgegriffen, prallen unvermittelt zwei konträre Vorstellungsbereiche aufeinander: Unter einem Genie ist in der Vorstellungswelt des achtzehnten Jahrhunderts ein Mensch mit außerordentlichen schöpferischen Leistungen zu verstehen, der die Fesseln der Konventionen sprengt, sich seine eigenen Regeln und Gesetze schafft und damit in seiner Existenzweise dem Göttlichen nahe kommt. Mit dem Begriff des „Scheusals" verbindet der Erzähler einen Menschen, dem moralische Vorstellungen fremd sind, der sich vielmehr durch Selbstüberheblichkeit, Menschenverachtung und Gottlosigkeit auszeichnet (vgl. S. 5). Dieser vom Erzähler angekündigte schroffe Kontrast zwischen genialster Begabung und verwerflichstem Charakter bildet das zentrale Strukturmerkmal von Grenouilles Persönlichkeit.

Umstände der Geburt

Schon mit den äußerlichen Bedingungen von Grenouilles Geburt konkretisiert sich die Reihe ironischer Kontrastierungen: Grenouille, das spätere Geruchsgenie, das selber aber keinen menschlichen Geruch ausströmt, wird gerade in Paris, der Metropole des Gestanks, und dort noch an einem besonders übel riechenden Ort geboren. Unter einem Fischschlachttisch entbunden und von seiner Mutter mit der Hoffnung zu den blutigen Fischabfällen geworfen, er teile das Schicksal seiner Geschwister und käme gar nicht erst zum Leben, macht durch einen herzhaften Schrei auf sich aufmerksam und überantwortet seine Mutter damit als Kindsmörderin dem Schafott. Diese erste Tat des neugeborenen Grenouille deutet der Erzähler später als bewusste, boshafte Handlung: „Es war ein wohlerwogener, fast möchte man sagen ein reiflich erwogener Schrei gewesen, mit dem sich das Neugeborene *gegen* die Liebe und dennoch *für* das Leben entschieden hatte. [...] Er war von Beginn an ein Scheusal. Er entschied sich für das Leben aus reinem Trotz und aus reiner Boshaftigkeit." (S. 28) Dieser Grenouille, der sich durch einen gezielten Akt der Selbsterhaltung aus den Fischabfällen befreit und damit seine Mutter dem Henker ausliefert, zeigt auch weiterhin einen zähen Überlebenswillen. Ein mehrmaliger Ammenwechsel wird allein schon deshalb nötig, weil seine Ammen seiner Sauggier nicht gewachsen sind. Während seiner Pflegezeit bei Madame Gaillard übersteht er die Anfeindungen und sogar einen Tötungsversuch der anderen Kinder, die ihm gegenüber Kälte und Angst empfinden. Er gedeiht selbst bei den wässrigsten Suppen, überlebt alle Kinderkrankheiten, auch einen sonst meist tödlich endenden Milzbrand, der allerdings entstellende Narben hinterlässt. Die menschenunwürdigen Lebensbedingungen beim Gerber Grimal übersteht er fügsam und anspruchslos. Die völlige soziale Isolation, in der er bei Madame Gaillard und dem Gerber Grimal heranwächst, kann ihm deshalb wenig anhaben, weil er zum Leben der Liebe nicht bedarf. „Für seine Seele brauchte er nichts", so kommentiert der Erzähler, „Geborgenheit, Zuwendung, Zärtlichkeit, Liebe – oder wie die ganzen Dinge hießen, deren ein Kind angeblich bedurfte – waren dem Kinde Grenouille völlig entbehrlich." (S. 28)

Diese Zähigkeit und Genügsamkeit Grenouilles verdeutlicht der Erzähler mit dem Bild des Zecks, das als Leitmotiv den ganzen Roman durchzieht. Der Zeck, in einem Vergleich schon sehr früh erwähnt (vgl. S. 27), ist äußerlich klein und hässlich,

Der ‚Muttermörder'

Zäher Überlebenswille

Grenouille, der Zeck

kann aber mit kleinsten Nahrungsmengen überleben. Was er ganz besonders mit Grenouille gemein hat, ist seine Fähigkeit, einsam zu warten, bis er ein Opfer wittert. Wenn er sich dann fallen lässt, sich in sein Opfer saugt und von seinem Blut lebt, folgt der Zeck seinem Lebensprogramm, mehr ist von ihm nicht zu erwarten.

Fehlendes Moralempfinden

Auch Jean-Baptiste Grenouille folgt von Anfang an einem Überlebensprogramm, in dem Fragen der Moral keinen Platz haben. Weder kann er im Kontakt mit anderen Menschen ein ihm gerecht werdendes Selbstbild aufbauen, noch lernt er einen angemessenen Umgang mit seiner Umwelt.

Retardierte Sprachentwicklung

Hierzu fehlen ihm einerseits die Vorbilder, andererseits die Grundlagen einer differenzierteren sprachlichen Verständigung. Erst mit vier Jahren spricht er sein erstes Wort, mit Verweis auf seine Mutter und seinen Geburtsort das Substantiv „Fische" (vgl. S. 31). Auch weiterhin benutzt er die Sprache vor allem dazu, sich von ihn überwältigenden Geruchseindrücken zu befreien, indem er die Geruchssubstanz beim Namen nennt. „Mit Wörtern, die keinen riechenden Gegenstand bezeichneten", so der Erzähler, „mit abstrakten Begriffen also, vor allem ethischer und moralischer Natur, hatte er die größten Schwierigkeiten." (S. 33) Den kaum erziehbaren jungen Grenouille prägt auch ein „sporadischer" eineinhalbjähriger Besuch der Pfarrschule nur wenig: „Er lernte ein bißchen buchstabieren und den eignen Namen schreiben, sonst nichts. Sein Lehrer hielt ihn für

Fehlendes Schuldempfinden

schwachsinnig." (S. 35) So ist es nicht verwunderlich, wenn die gequälte und geschundene Kreatur Grenouille, nur mit der Ausgestaltung seiner inneren und der Abwehr seiner äußeren Welt erfüllt, nach seinem ersten Mädchenmord von keinem Schuldgefühl befallen wird und die körperliche Gestalt seines Opfers schon recht bald vergisst. Das „Scheusal" Grenouille hat im „Kuddelmuddel seiner schwarzen Seele" (S. 55) aber auch deshalb keinen Platz für moralische Werte und Regungen des Gewissens, weil es sich bereits vom frühsten Alter an der Erforschung der Geruchswelt hingegeben hat.

Während Grenouilles Mutter, an den Gestank ihres Fischstandes und seiner Umgebung gewöhnt, keine Gerüche mehr wahrnimmt, erwacht im Gegensatz dazu der Säugling Grenouille zunächst mit der Nase (vgl. S. 22). Von Grenouilles Augen erfahren wir in einer ersten Beschreibung seines Aussehens, sie seien „von unbestimmter Farbe, zwischen austerngrau und opalweiß-cremig, von einer Art schleimigem Schleier überzogen und offenbar noch nicht sehr gut zum Sehen geeignet" (S. 22). Im Kontrast zu den noch unbestimmten Augen wird Grenouilles Nase als zielbestimmt und alle Gerüche verschlingend beschrieben (vgl. S. 22 f.), und wenn von den Nasenflügeln gesagt wird, sie „blähten sich wie eine aufgehende Blüte" (S. 23), so deutet der Vergleich mit der Blüte bereits auf Grenouilles spätere Beschäftigung mit der Welt der Parfums.

So hat bereits Pater Terrier den quälenden Eindruck, der Säugling Grenouille verschlinge ihn geradezu mit seiner Nase, röche „ihn schamlos ab", „witterte ihn aus" (S. 23), und der Kirchenmann fühlt sich schaudernd in seinem Innersten durchschaut. Aber erst während der Pflegezeit bei Madame Gaillard und in einer zweiten Phase während der Ausbildung beim Gerber Grimal entwickelt sich im Innern Grenouilles die Fähigkeit, Gerüche zu differenzieren, im Gedächtnis zu speichern und in der Fantasie neu zusammenzusetzen. Die Beschreibung dieses Prozesses beginnt mit dem vierten Lebensjahr und lässt sich in deutlich unterscheidbare Phasen gliedern.

Zunächst wird Grenouille von einzelnen dominanten Gerüchen so angefüllt, dass sie ihn überwältigen und erregen, dass er in ihnen „ertrinkt" (vgl. S. 32) und er sich von ihrer bedrohlichen Übermacht nur durch ein eruptives Aussprechen des jeweiligen Wortes befreien kann. Schon bald aber differenziert sich seine Geruchswahrnehmung derart, dass sie die sprachlichen Ausdrucksmöglichkeiten weit hinter sich lässt. Das von Grenouille konstatierte Missverhältnis „zwischen dem Reichtum der geruchlich wahrgenommenen Welt und der Armut der Sprache" (S. 34) stört sein

Vertrauen in die Sprache, die er künftig nur noch zu unumgänglicher Verständigung mit anderen Menschen nutzt. Mit sechs Jahren hat Grenouille seine unmittelbare Umwelt, das Haus der Madame Gaillard und den Faubourg Saint-Antoine, geruchlich vollständig erfasst, „zehntausend, hunderttausend spezifische Eigengerüche" (S. 34) gesammelt und in seinem Gedächtnis festgehalten.

Kreativer Umgang mit Gerüchen

Zu diesem Zeitpunkt nun beginnt Grenouille aus der Phase des Trennens und Sammelns herauszutreten und kreativere Formen des Umgangs mit Gerüchen zu finden. Jetzt erschafft er sich durch die Kombination der gespeicherten Düfte in seiner Fantasie neue Gerüche, was der Erzähler mit der Begabung des musikalischen Wunderkinds vergleicht, „das den Melodien und Harmonien das Alphabet der einzelnen Töne abgelauscht hatte und nun selbst vollkommen neue Melodien und Harmonien" komponiert (S. 35).

Analytischer Geruchssinn

Beim Gerber Grimal eröffnen sich der olfaktorischen Entwicklung Grenouilles von dem Augenblick an neue Möglichkeiten, wo Grenouille, vom Milzbrand geheilt und künftig resistent, mit 12 Jahren einen halben Sonntag Ausgang bekommt. Er beginnt nun einerseits komplexe Gerüche aufzuspalten und in ihre „Grundgerüche" (S. 44) zu zerlegen, zum andern „mit der Leidenschaft und Geduld eines Anglers" (S. 45) unbekannte Gerüche zu jagen und zu sammeln. Nun, da er auf seinen ausgedehnten Streifzügen auch in den reicheren Faubourg Saint-Germain vordringt, lernt er auch einfache und raffinierte Parfums kennen, realisiert die Güte der Essenzen, aber auch die Fehler der Komposition. Grenouille ist in seiner Ausbildung des Geruchssinns damit an einen Punkt gelangt, wo nur von außen kommende Impulse weiterhelfen können. Traditionellen Vorstellungen vom genialen Menschen entsprechend, hat

Anzeichen des Genies

er, allen widrigen Lebensumständen zum Trotz, seine überragende Begabung mit manischer Besessenheit und bei vollkommener Vernachlässigung sozialer Kontakte ausgebaut. Die Gesetze, nach denen er vorgegangen ist, hat er sich wie ein echter Autodidakt selbst geschaffen, von seinen genialen Fähigkeiten nach außen gedrungen ist bisher kaum etwas.

Der für die Förderung von Grenouilles genialen Fähigkeiten wichtigste Impuls weht ihm von der anderen Seineseite in Form eines Mädchenduftes zu. Es spricht für die Selbstgewissheit des genial begabten Menschen, dass er die Spur dieses Dufts, des Vorbilds aller Düfte, aufnehmen muss. Grenouille zeigt hier die Radikalität des Genies, das nur ein Entweder - Oder kennt. „Für Grenouille stand fest", so interpretiert der Erzähler die Gefühlswelt des Helden, „daß ohne den Besitz des Duftes sein Leben keinen Sinn mehr hatte." (S. 55) Dieser Duft, für dessen Besitz er vor einem Mord nicht zurückschreckt, ist für ihn „die reine Schönheit" (S. 55), eine Prägung, eine Zauberformel, „ein Kompaß für sein zukünftiges Leben" (S. 57). In Grenouille entsteht durch den inneren Besitz dieses Mädchendufts das Bedürfnis, sich nun aktiv nach außen zu wenden und „der größte Parfumeur aller Zeiten" (S. 58) zu werden.

Mädchenduft als Orientierung

Von dem Zeitpunkt an, wo Grenouille ein eigenes Lebensziel gefunden hat und sich aktiv nach außen wendet, werden dem Erzähler auch sein körperliches Erscheinungsbild und die Wirkung auf seine Umwelt zunehmend bedeutsamer. Bisher wurde der heranwachsende Grenouille als denkbar unscheinbar und unauffällig geschildert, als „nicht besonders groß, nicht stark, zwar häßlich, aber nicht so extrem häßlich, daß man vor ihm hätte erschrecken müssen." (S. 31) Die Folgen der harten, unmenschlichen Lebensbedingungen und der überstandenen Krankheiten prägen seine Motorik und sein Aussehen. So charakterisieren ihn ein hinkender Gang und Narben im Gesicht, die „ihn entstellten und noch häßlicher machten, als er ohnehin schon war" (S. 42). Nun, mit Grenouilles Erscheinen vor dem Geschäft des Parfumeurs Baldini, werden neben Kommentaren des Erzählers auch die Eindrücke Baldinis wiedergegeben. Dessen Einschätzungen machen deutlich, zu welch widersprüchlichen Interpretationen das Aussehen und Auftreten Grenouilles Anlass geben. Der Parfumeur Baldini nimmt den zwölfjäh-

Äußeres Erscheinungsbild

Grenouilles Wirkung auf Baldini

rigen Grenouille als einen „geduckten" (vgl. S. 87) Jungen wahr, „mit ängstlich lauernden Augen [...] wie einer, der Schläge erwartet" (S. 87 f.), und der Erzähler fügt beschreibend an, dass Grenouilles Körper unter Baldinis Vorhaltungen linkisch zusammenklappt (vgl. S. 108). Sein gedrungener Körperbau strahlt zusammen mit der hektischen Gestik etwas Unheimliches aus, das auffallend häufig in bildhafte Ausdrücke wie „kleine schwarze Kröte (S. 96, vgl. auch S. 97), „Gnom" (S. 98, 116) oder auch „schwarze Spinne" (S. 99) gefasst wird. In diesem bildhaften Kontext ist auch die Namensgebung zu deuten, da dem französischen „grenouille" das deutsche Wort „Frosch" entspricht.

Kindlichkeit und Greisenhaftigkeit

Selbstbewusstsein und Sicherheit

Gleichzeitig aber verfügt der als ängstlich lauernder Gnom, als greisenhafter Knabe beschriebene Grenouille, der seine Worte eher herauspresst, schlangenhaft zischelt (vgl. S. 92) als mit angemessener Bescheidenheit vorbringt, über ein geradezu „unheimliches" Selbstbewusstsein (vgl. S. 92 f.) und eine intuitive, traumwandlerische Sicherheit und Entschiedenheit bei der Verwirklichung seiner Vorsätze. Bereits beim Betreten von Baldinis Parfumerie überkommt Grenouille das Gefühl, „daß er hierhergehöre und nirgendwo anders hin, daß er hier bleiben werde, daß er von hier die Welt aus den Angeln heben würde" (S. 90). Diese plötzliche Entschiedenheit deutet der Erzähler aus der Instinktsicherheit des Zecks heraus, der nach langer Wartezeit genau weiß, wann er sich fallen lässt, und dabei alles auf eine Karte setzen muss. Dem entsprechend hantiert der ansonsten motorisch eher verkrampfte Grenouille beim Mischen des Parfums „Amor und Psyche", obwohl er aus handwerklicher Sicht alles „gräßlich verkehrt" macht, doch er ist „gräßlich selbstbewußt" (S. 106) und vergießt keinen Tropfen der kostbaren Essenzen. So ist auch nur Baldini erstaunt, wenn Grenouille am andern Tag bereits mit geschnürtem Bündel darauf wartet, ausgelöst zu werden.

Motorische Geschicklichkeit

Vollzog sich Grenouilles olfaktorische Entwicklung bisher, von seiner Umwelt unbemerkt, ausschließlich in seinem Innern, so verfügt er nun über die nötigen Essenzen und Instrumente, um seine Parfumfantasien in die Realität umzusetzen. Dabei zeigt sich sehr deutlich, wie konsequent und radikal Grenouille an seinen einmal gefundenen Lebenszielen festhält. Während Baldini Grenouilles parfümistische Kreativität dazu nutzt, sein Geschäft auszudehnen, seine Konkurrenz zu verdrängen und sich zum bedeutendsten Parfumeur Europas zu entwickeln, richtet sich Grenouilles Interesse ausschließlich auf den Erwerb handwerklicher Grundkenntnisse.

Erwerb handwerklicher Grundkenntnisse

Es fügt sich ins Bild dieses genialen Menschen, dass er „instinktiv" (S. 119) spürt, dass ihm das Beherrschen der handwerklichen Formen, der „Sprache der Parfumerie" (S. 119), von Nutzen sein kann. Völlig gleichgültig gegenüber dem kommerziellen Erfolg Baldinis betrachtet er die Formbeherrschung als eine Art Tarnung (vgl. S. 120), begeht er mit Absicht kleinere Fehler, um seine Genialität zu kaschieren. Vor dem Hintergrund seiner leidenschaftlich verfolgten Absicht, „den Dingen ihre duftende Seele zu entreißen" (S. 125), bewertet Grenouille seine parfümistische Arbeit als Spielerei, den Gesellenbrief lediglich als den „Mantel einer bürgerlichen Existenz" (S. 121). So gerät Grenouille trotz seiner oft bewiesenen Zähigkeit dann in ernsthafte Gefahr, wenn die Realisierung seiner Lebensziele fraglich wird. Unmittelbar nach der Erkenntnis, dass die Möglichkeiten der Destillation für seine Pläne nicht hinreichen, ergreift ihn eine schwere Krankheit, von der sich sein sterbender Körper erst dann wieder erholt, als Baldini die weiteren Möglichkeiten der Duftgewinnung nennt.

Handwerk als Tarnung

Krankheit als Sinnkrise

Mit seiner Wanderung nach Grasse beginnt für den inzwischen achtzehnjährigen Grenouille ein neuer Lebensabschnitt. Unbelästigt von der Geruchsfülle der Hauptstadt Paris, kann er freier durchatmen, und da er sich, wie er es deutet, nicht mehr von den Menschen „wegkrümmen" (S. 149) muss, sieht er nun „von ferne betrachtet beinahe wie ein gewöhnlicher Handwerksbursche" (S. 148) aus. Dementsprechend ist sein Weg in die höchste

Einsamkeit als Läuterung

Einsamkeit, in die Höhle des Plomb du Cantal, gleichzeitig ein Weg zu höchstem Glück. Grenouille, der, menschliche Normen verkehrend, bei Nacht wandert, weil die Einsamkeit und Statik der Nacht am ehesten der Welt seiner Seele ähnelt (vgl. S. 151), findet gerade in der Einsamkeit und Finsternis der Höhle mit einem „Gefühl heiliger Scheu" (S. 156) sein eigentliches Leben. In meditativer Selbstgenügsamkeit erlebt er in der Imagination noch einmal die Etappen seines Lebens, tilgt unliebsame Gerüche aus seiner Erinnerung und plant, wie er es als Heranwachsender schon einmal getan hat, seine weitere olfaktorische Entwicklung. Dabei ergeht er sich in Herrscherträumen und setzt seinen Willen, da er mit Gott „nicht das geringste im Sinn" (S. 158) hat, wie der Erzähler versichert, als einzig gültige Macht. Aus dieser Allmachtsfantasie, einer fiktiven Vorwegnahme seiner späteren realen Beherrschung der Volksmenge in Grasse, stürzt er in dem Augenblick in die Niederungen von Angst und Verzweiflung, wo ihm seine eigene Geruchlosigkeit unwiderlegbar bewusst wird.

Allmachtsfantasien

Erkenntnis der eigenen Geruchlosigkeit

Keinen eigenen Geruch zu besitzen bedeutet für Grenouille, ohne Seele zu leben und damit keine Identität zu besitzen. Sind doch seine gesamte Wahrnehmung, sein gesamtes Denken von den Düften und ihrer Differenzierung beherrscht und hat er es doch zu seinem Ziel erklärt, den Dingen ihre „duftende Seele" zu entreißen. So ist die Entdeckung der Geruchlosigkeit in ihrer Bedrohlichkeit auf gleicher Stufe mit dem zuvor überstandenen Milzbrand und den schwarzen Blattern zu sehen. Über diese lebensbedrohende Störung seines Selbstwertgefühls hilft ihm erst die Begegnung mit dem ruhmsüchtigen Marquis de la Taillade-Espinasse hinweg, der es ihm ermöglicht, sich einen eigenen Körperduft zu schaffen. Mit ihm versehen, macht Grenouille eine neue, einschneidende Erfahrung, aufgrund derer der Prozess seiner Lebensplanung in ein neues Stadium tritt. Grenouille, der sich bisher den Menschen unterworfen hat, bekommt nun eine Aura und wird von den Menschen beachtet. Als es ihm, der „Kuckucks-

Schaffen einer künstlichen Aura

brut" (S. 196) unter den Menschen gelingt, ein fremdes Kind an seine „scheinheilige" (S. 197) Brust zu drücken, bricht in ihm „ein schwarzer Jubel" los, „ein böses Triumphgefühl, das ihn zittern machte und berauschte wie ein Anfall von Geilheit" (S. 197). „Schwarz" ist dieser Jubel, und „bös" ist dieses Triumphgefühl insofern, als Grenouille weiß, dass diese Wirkung auf seine Umwelt eine künstlich geschaffene ist. Aus dem Bewusstsein heraus, dass ihm die Menschen zu betrügen ein leichtes ist, wandelt sich seine bisherige Angst vor den Menschen in Verachtung.

Verachtung der Menschen

Wurde die Formulierung ein „Nichts von Mensch" (S. 117, vgl. auch S. 106) bisher nur auf ihn bezogen, so überträgt sie Grenouille nun auf die von ihm getäuschten Menschen, die er verabscheut, „weil sie nichts waren, und er war alles!" (S. 197) Beflügelt von dem Gefühl der eigenen Macht und Genialität, konkretisieren sich nun die in der Höhle auf dem Plomb du Cantal bereits entworfenen Allmachtsfantasien. Grenouille will nicht nur von den Menschen als ihresgleichen angenommen, sondern will von ihnen „bis zum Wahnsinn, bis zur Selbstaufgabe" (S. 198) geliebt werden. Hatte Grenouille am Abend seines ersten Mädchenmordes noch den Vorsatz formuliert, „der größte Parfumeur aller Zeiten" (S. 58) werden zu wollen, so steigert sich diese Absicht nun zu der Vorstellung, sich zum „omnipotente(n) Gott des Duftes" (S. 198) zu erheben. Mit diesem nun konkreten Lebensziel vor Augen verändert sich schließlich auch sein äußeres Erscheinungsbild: Sein Gang wird aufrechter, seine Sicherheit im gesellschaftlichen Umgang nimmt zu.

Ziel: Gott des Duftes werden

Wie acht Jahre zuvor in der Rue des Marais in Paris wird Grenouille auch in Grasse wieder von einem Geruchserlebnis überwältigt, das sein weiteres Handeln entscheidend bestimmt. Es ist der Duft Laure Richis', bei dessen Empfindung er alle Anzeichen leidenschaftlichster Erregung zeigt: „Es (wird ihm) heiß vor Wonne und kalt vor Schrecken" (S. 215), er schwindelt und taumelt, und der Schweiß steht ihm auf der Stirn (S. 216). Im Gegensatz zu seinem ersten Mord, wo er den

Laures Duft als neues Vorbild

Duft des Mädchens, wie er selbst ausspricht, einfach „nur in sich hineingesoffen und damit zerstört" (S. 218) hat, plant Grenouille die Duftgewinnung diesmal mit äußerster Umsicht. Wenn auch das abstrakte Denken, wie der Erzähler versichert, „nicht seine Stärke" (S. 317) ist, so verfügt Grenouille doch über ein hinreichend „durchtriebenes Wesen" und einen „raffinierten Geist" (S. 245), um sich in den ihm verbleibenden zwei Jahren bis zur höchsten Reife des begehrten Dufts mit handwerklicher Präzision auf sein neues Ziel vorzubereiten.

Strategisch geplante Vorbereitung

Grotesk verkehrtes Gefühlsleben

Bei der Schilderung der Vorbereitungen, des Mordes sowie der Duftgewinnung selbst zeigen sich noch einmal alle Aspekte von Grenouilles Gefühlsleben in grotesker Verkehrung. Während ihn das Mädchen Laure Richis als Person völlig gleichgültig lässt, erfüllt ihn bei ihrem Duft das „Glücksgefühl des Liebhabers" (S. 241). Laure Richis' Duft erscheint personifiziert, umgegangen wird mit ihm in der Sprache der Brautwerbung: Grenouille werde „ihn heimholen übers Jahr", so heißt es, von einem „absonderlichen Gelöbnis", von einem „Verlöbnis" und einem „Treueversprechen" (S. 242) diesem Duft gegenüber ist die Rede. So weichen auch bei der Mordschilderung Grenouilles Gefühle von allen erwartbaren Normen ab: Zwar ist ihm der Keulenschlag auf den Hinterkopf seines Opfers verhasst, nicht aber wegen des brutalen Mords, sondern ausschließlich wegen des damit verbundenen „ekelhaften Geräuschs" (vgl. S. 275), das seine ansonsten lautlose Tätigkeit empfindlich stört. Erst bei der anschließenden handwerklichen Arbeit der Duftgewinnung findet Grenouille wieder in eine entspannte körperliche Haltung zurück. Die Zeit des Wartens, während derer die mit Fett bestrichenen Tücher dem leblosen Mädchenkörper seinen Duft entziehen, erlebt Grenouille als „die einzigen Momente, da sich in seinem düsteren Hirn fast heitere Gedanken bildeten" (S. 278).

Das erreichte Lebensziel

Grenouilles Lebensziel scheint sich in dem Augenblick zu erfüllen, wo er sich, beduftet mit seinem olfaktorischen Lebenswerk, dem Höhepunkt seiner parfümistischen Karriere, für die Menschenmenge zum „schönsten, attraktivsten und vollkommensten" (vgl. S. 303) Wesen wandelt und er die Gefühlswelt der Menschen in ihrem „erotischen Zentrum" (S. 303) trifft. Mit dieser strahlenden Aura umgeben, mit dem durch seine Arbeit „ertrotzten" (vgl. S. 304) göttlichen Funken versehen, erhebt sich das Genie Grenouille über den „weihrauchstinkenden" (vgl. S. 304) Gott der Kirchen und über Prometheus, der der Erde das Feuer gebracht und Menschen erschaffen hat, und erlebt „den größten Triumph seines Lebens" (S. 305). Aber auf dem Punkt seines höchsten Erfolgs macht Grenouille gleichzeitig seine zerstörerischste Erfahrung. Der von seiner Aura angeregten Massenorgie, dem größten Bacchanal „seit dem zweiten vorchristlichen Jahrhundert" (S. 303), steht er teilnahmslos, mit „häßlich(em), zynisch(em) Grinsen" (vgl. S. 304) gegenüber. Er muss erkennen, dass er seine Mitmenschen mit seiner Duftschöpfung zwar zu höchster erotischer Ekstase treiben, selbst aber nur Abscheu und Ekel empfinden und sich nicht über seine eigene Geruchlosigkeit hinwegtäuschen kann. Damit bleibt sein innigster Wunsch unerfüllt, einmal in seiner wirklichen Existenz, seiner Geruchlosigkeit, wahrgenommen zu werden.

Triumph und Zusammenbruch

Auf dem Weg nach Paris erkennt der seines Lebens überdrüssige Grenouille noch einmal in aller Deutlichkeit die Unlösbarkeit seines Lebensproblems: Da er selber keinen Geruch besitzt, sich selbst nicht riechen kann, bleibt ihm die Erfahrung seiner eigenen Identität versagt. Seine ganze Lebensenergie hat er darauf verwandt, einen Duft zu schaffen, der Liebe inspiriert, mit dessen Hilfe er die höchste Macht über die Menschen erwirbt. Dieses Ziel hat er erreicht: Zwar kann niemand ermessen, mit welch genialer Perfektion dieses Parfum geschaffen ist, doch jedermann verfällt seiner Suggestion. Einzig seinen Schöpfer, Grenouille selbst, kann dieses Parfum nicht verzaubern, er weiß um dessen Künstlichkeit, es täuscht ihn nicht über seine Identitätslosigkeit hinweg. Mit dieser kränkenden Erfahrung kann Gre

Motive für den Selbstmord

nouille nicht mehr leben, es bleibt ihm nur noch der Tod.

Die ersten Bezugspersonen

Zeitlich gerafft, aber gerade in der knappen Ausgestaltung grotesk zugespitzt stellt uns der Erzähler die leibliche Mutter Grenouilles vor. Als eine noch junge Frau Mitte zwanzig wird sie beschrieben, „die noch ganz hübsch aussah und noch fast alle Zähne im Munde hatte und auf dem Kopf noch etwas Haar und außer der Gicht und der Syphilis und einer leichten Schwindsucht keine ernsthafte Krankheit" (S. 8). Mit den ironischen Bemerkungen „fast alle Zähne", „noch etwas Haar", „keine ernsthafte Krankheit" spielt der Erzähler sehr eindrucksvoll auf die gesundheitliche Situation jener untersten sozialen Schichten an, der die Mutter Grenouilles angehört. Als Fischverkäuferin auf dem Pariser Viktualienmarkt in der Rue aux Fers kann sie sich kleinbürgerliche Geborgenheit „als ehrenwerte Frau eines verwitweten Handwerkers" (S. 8) lediglich erträumen. Ihre Realität ist der tägliche Kampf ums Überleben: Dass sie bereits übel stinkende Fische als gerade erst „aus der Seine gezogen" (S. 7) verkaufen muss, deutet auf materielle Not und Betrügerei. Die vier Kinder, die sie bisher lebend oder tot geboren hat, verschwinden unauffällig unter ihrem Schlachttisch zwischen den Fischabfällen. Der Geburtsvorgang ist für sie ein mit Schmerzen und Ekelgefühlen verbundenes Geschehen, eine Störung des Tagesgeschäfts, die sie möglichst schnell und unaufwendig hinter sich bringen will. Nichts erfahren wir von ihrer Herkunft, noch nicht einmal den Namen, nichts von ihren Männern. Als durch Grenouilles Schrei ihr versuchter Kindesmord öffentlich wird, lässt sie sich willenlos festnehmen und ist geständig. Auffällig ist allerdings die Ausdrucksweise, mit der sie den versuchten Kindesmord sowie die vorangegangenen Kindesmorde eingesteht. Wenn sie zugibt, „daß sie das Ding bestimmt würde haben verrecken lassen, wie sie es im übrigen schon mit vier anderen getan habe" (S. 9), so verweist ihr Sprachgebrauch auf völlige Abgestumpftheit und Gleichgültigkeit, auf das Fehlen jeglicher Menschlichkeit. Dass Grenouille angesichts einer solch ungünstigen sozialen Konstellation überhaupt überlebt, grenzt schon an ein Wunder.

Fehlende Mensch-lichkeit

Mit Grenouilles Mutter beginnt Süskind die Galerie der Nebenfiguren, die alle durch ironische Motivkontrastierungen auf die Hauptfigur Grenouille bezogen sind. Der übelriechende Fischstand der Mutter Grenouilles, umgeben von Schwärmen von Fliegen, befindet sich auf dem ehemaligen Gelände des Cimetière des Innocents, so dass Fisch- und Leichengeruch noch rivalisieren. Gezwungen, in diesem olfaktorischen Umfeld ihren Lebensunterhalt zu verdienen, nimmt Grenouilles Mutter den Gestank nicht mehr wahr, „denn ihre Nase war gegen Gerüche im höchsten Maße abgestumpft" (S. 7). Ehe der mit genialem Geruchssinn begabte Grenouille als Figur präsent ist, wird, in ironischem Kontrast zu ihm, die in ihrem Geruchssinn abgestumpfte Mutter eingeführt, das Motiv des Riechens ist somit bereits auf den ersten Seiten des Romans entfaltet. Das die Mutter charakterisierende Fehlen jeglicher humaner und moralischer Normen, die Gleichgültigkeit gegenüber eigener Verurteilung und Hinrichtung finden sich allerdings auch bei Grenouille wieder.

Reduzierter Geruchssinn

Moralische Gleich-gültigkeit

Für eine Erziehung im Sinne christlicher Normen gab es offensichtlich auch bei Grenouilles Mutter keine geeigneten Personen. Auch sie lebt in einer sozialen Welt, in der der tägliche Kampf ums Überleben einem wie auch immer gearteten moralischen Denken und Handeln keinen Raum lässt.

Die Amme Jeanne Bussie, der der verwaiste Säugling Grenouille zur weiteren Pflege anvertraut wird, ist in allen Aspekten eine Gegenfigur zu Grenouilles Mutter. Sie lebt ganz in ihrer Profession als Amme, hat zu den grundsätzlichen Fragen des Lebens eine kreatürliche Einstellung und urteilt mit vernünftigem, wenngleich nicht allzu scharfsinnigem Menschenverstand. So eins ist sie

Amme Bussie: Gegenfigur zur Mutter

mit ihrer Aufgabe des Pflegens und Stillens, dass sie, wie Pater Terrier wohlwollend bemerkt, bereits einen „Duft von Milch und käsiger Schafswolle" (S. 12), einen „warmen Dunst" (S. 13) verströmt.

Kreatürlicher Geruchssinn

Damit wird auch bei ihrer Einführung das Motiv des Riechens wieder aufgegriffen. Im Gegensatz zu Grenouilles Mutter aber zeichnet sich die Amme Bussie durch einen sehr feinen Geruchssinn aus, der ihr, ähnlich wie dies später bei Grenouille der Fall ist, bei der Orientierung in ihrer Welt behilflich ist. So kann sie ihre Säuglinge „nachts mit der Nase finden" (S. 16) und entwickelt vor dem verblüfften Pater Terrier eine detaillierte, in kulinarischen Vergleichen schwelgende Dufttopografie ihrer Säuglinge. Nicht verwunderlich ist es deshalb, dass sie als erste die Geruchlosigkeit Grenouilles bemerkt und als bodenständige, gottesfürchtige Frau sich seiner weiteren Betreuung entschieden verweigert.

Der aufgeklärte Pater Terrier

Strömt die Amme Bussie einen warmen Milch- und Schafwollduft aus, so wird der fünfzigjährige, kahlköpfige Pater Terrier durch einen leichten Essiggeruch charakterisiert (vgl. S. 11). In seinem Kloster Saint-Merri zuständig für die Verwaltung des Karitativfonds, „die Verteilung von Geld an Arme und Bedürftige" (S. 11 f.), haben die Ideen der Aufklärung im Denken und Handeln dieses Pater Terriers durchaus ihre Spuren hinterlassen. Hat er doch neben seinem Theologiestudium, so führt der Erzähler aus, „auch die Philosophen gelesen" (S. 18) und sich der Botanik und Alchimie gewidmet. Zwar bezieht er sein Selbstbewusstsein auch aus seinem kritischen Geist, bekämpft aber gläubische Vorstellungen und Rituale als Reste heidnischer Gebräuche, sein kritisches Denken macht allerdings da Halt, wo seine „Gemütsruhe" (S. 12) gestört würde: vor den „Grundfesten der Theologie" (S. 19). Wenn er die Existenz des Teufels auch niemals in Frage stellen würde, die Vorstellung der Amme Bussie, der Säugling Grenouille sei vom Teufel besessen, muss er zunächst zurückweisen.

Als erster wird Terrier auf die physiologischen

Grundlagen von Grenouilles Genialität, auf sein zielgerichtetes, verfeinertes Geruchsvermögen aufmerksam. Terrier scheint es, als gehe von Grenouilles Nase „ein unheimlicher Sog" (S. 23) aus, als „sehe ihn das Kind mit seinen Nüstern" an, als „verschlänge es etwas mit seiner Nase", als röche es ihn „schamlos ab" (S. 23). Dieser exzessive Umgang mit dem, wie Terrier meint, „niedrigsten der Sinne" (S. 20) verunsichert den aufgeklärten, kritischen Kirchenmann so grundlegend, dass er sich des unheimlichen Säuglings augenblicklich entledigen muss. Nach der abgestumpften Mutter und der instinktgeleiteten Amme versagt auch der „besonnene und von Gottesfurcht und rationaler Einsicht geleitete" (vgl. S. 24) Pater, der einzige Mann unter den frühen Bezugspersonen Grenouilles. Dies ist um so auffälliger, als Terrier zuvor, angeregt durch den warmen Dunst der Amme, sich Vaterfantasien hingegeben hat.

Terriers Entdeckung: Grenouilles Nase

Während ihn wohlige Empfindungen überkommen, gestattet er sich für einen Moment „den phantastischen Gedanken, er selbst sei der Vater des Kindes" (S. 22) und erträumt sich eine bürgerliche Handwerkerkarriere mit einer nach Milch und Wolle duftenden Frau. Damit erhält Pater Terrier in der Galerie der Mütter und Ziehmütter ironisch gebrochen und spielerisch eingestreut die Funktion eines fiktiven Vaters, ehe ihn der Säugling Grenouille mit seinem abnormen Geruchssinn schroff in die Wirklichkeit zurückruft. Überraschend ist für den Leser das unvermittelte, nur in einer Vorsilbe angedeutete Ende des Paters: Nachdem er den Säugling Grenouille voller Eile bei Madame Gaillard abgegeben und die Pflegekosten für ein Jahr bezahlt hat, flieht er ins Kloster zurück, entkleidet und wäscht sich, schlägt das Kreuz, betet lange und „entschläft" (vgl. S. 25). Mag sein, dass der intime Umgang mit dem vermeintlichen Teufel ihn so erregt hat, dass das Herz seinen Dienst abrupt verweigert.

Terrier als fiktiver Vater

Überraschender Tod

Mit der annähernd dreißigjährigen Madame Gaillard, äußerlich der „Mumie eines Mädchens" (S. 25) gleichend, wird erneut eine Ammenfigur eingeführt. Auch sie steht in einem ironischen

Madame Gaillard: fehlender Geruchssinn und Kälte

Kontrast zu den anderen Bezugsfiguren. Da ihr Vater sie als Kind mit einem Feuerhaken „knapp oberhalb der Nasenwurzel" (S. 25) über die Stirn schlägt, verliert sie ihren Geruchssinn und ist leidenschaftlicher Empfindungen wie Zärtlichkeit, Abscheu, Freude und Verzweiflung nicht mehr fähig. Diese „vollkommene Emotionslosigkeit" (vgl. S. 26) kompensiert sie durch „einen gnadenlosen Ordnungs- und Gerechtigkeitssinn" (S. 26). Konsequent und eisern streicht sie die eine Hälfte der Pensionsgelder für ihren eigenen Lebensunterhalt und ihre Ersparnisse ein, teilt die andere Hälfte gerecht, aber unerbittlich auf ihre Pflegekinder auf und lässt sich vom Prinzip der Gleichheit weder durch persönliche Gefühle noch durch individuelle Bedürftigkeit eines Kindes abbringen. Damit bietet sie Grenouille eine realistische Überlebenschance: Zum einen erhält er von dieser kalt berechnenden, gefühllosen Frau die nötige materielle Zuwendung, auch ohne ihre Aufmerksamkeit auf sich lenken zu müssen. Zum andern kann Madame Gaillard, im Gegensatz zur Amme Jeanne Bussie, seiner Geruchlosigkeit nicht auf die Spur kommen. Erst dann vermutet Madame Gaillard übernatürliche Kräfte im Spiel, als der inzwischen achtjährige Grenouille sich angstfrei im Dunkeln bewegt, scheinbar durch feste Gegenstände hindurchsehen und Besucher lange vor ihrer Ankunft voraussagen kann. Als Grenouille schließlich die

Madame Gaillards Angst vor Entdeckung

Fähigkeit erkennen lässt, „sorgfältig verstecktes Geld durch Wände und Balken hindurch zu sehen" (S. 37), fürchtet sie, in ihren geheimsten Motiven durchschaut zu werden, und kann dieses unheimliche, mit einem „zweiten Gesicht" (vgl. S. 37) begabte Kind in ihrem Haus nicht mehr ertragen. Wenn sie schließlich Grenouille dem Gerber Grimal durchaus im Bewusstsein verkauft, dass er dort „nach menschlichem Ermessen keine Überlebenschance" (S. 38) besitzt, so verdrängt sie diese Erkenntnis hinter der Vorstellung, einen rechtlich korrekten Vertrag abgeschlossen zu haben.

Groteskes Ende

Ihr eigenes Schicksal, in äußerster Zeitraffung wiedergegeben, nimmt dennoch ein grotesk zugespitztes Ende: Das von ihr einzig mit dem Ziel angehäufte Geld, sich einmal den Luxus eines privaten Todes leisten zu können, verfällt im Verlauf der Französischen Revolution und Madame Gaillard endet in einem Gemeinschaftsbett des Hôtel-Dieu, in einem „von Hunderten todkranker Menschen bevölkerten Saal" (S. 40), in dem bereits zu ihrem lebenslangen Schrecken ihr Mann gestorben ist.

Die Lehrmeister Grimal und Baldini

Obgleich Grimal als handelnde Person erst am Tag seines Todes präsent ist und wir über sein Aussehen so gut wie nichts erfahren, erhalten wir jedoch auf indirektem Wege, über die Schilderungen von Grenouilles Überlebenskampf, einige Informationen über den mit äußerster Brutalität und kalter Berechnung agierenden Gerber. Schon bei der ersten Geruchsbegegnung mit Grimal wird Grenouille augenblicklich klar, dass gegen diesen Mann, der ihn „bei der geringsten Unbotmäßigkeit zu Tode prügeln" (S. 41) würde, nur äußerster Gehorsam und Anpassung weiterhelfen. Damit beginnt Grenouille auf einer untersten Stufe der Hierarchie in einem Gewerbe, dessen Arbeiten ohnedies mit Verwesung und Gestank, mit beizenden, ätzenden Flüssigkeiten, mit Nässe und Kälte verbunden sind. Der Körper und Sinne aufs Äußerste strapazierenden Tätigkeit entspricht bei Grimal ein ebenso inhumanes, ausschließlich am Profit orientiertes Denken und Handeln. Grenouilles Wert wird auf den Nutzen seiner Arbeitskraft reduziert, seine Tätigkeiten sind die eines Gehilfen, in den noch wenig Ausbildungsarbeit investiert ist und dessen Tod kein weiteres Aufsehen erregt. Erst nach überstandenem Milzbrand steigt für den Ausbeuter Grimal Grenouilles Arbeitswert.

Nach Pater Terrier setzt nun Grimal die Kette der Figuren fort, deren Leben unmittelbar nach ihrer Trennung von Grenouille ein jähes Ende findet. Nachdem er seinen Gehilfen Grenouille, von des-

Grimal als brutaler Menschenschinder

Ausbeutung der Arbeitskraft

Grimals plötzlicher Tod

sen genialen Fähigkeiten er nie etwas geahnt hat, an den Parfumeur Baldini verkauft hat, betrinkt sich der so überraschend zu Geld gekommene Grimal in den besten Lokalen und stürzt auf seinem Heimweg orientierungslos in die Seine.

Baldini: Parfumeur mit Tradition

Dem klangvollen italienischen Namen Baldini, in dessen Wortstamm Bedeutungen wie „Kühnheit" und „Selbstsicherheit" mitschwingen, entspricht eine zwar elegante, aber etwas förmliche und steife Aufmachung. Der schon über sechzigjährige Parfumeur und Handschuhmacher wird hinter dem Kontor seines Laden stehend eingeführt, „alt und starr wie eine Säule, in silberbepuderter Perücke und blauem, goldbetreßtem Rock", eine „Wolke von Frangipaniwasser" (S. 60) um sich verbreitend. Die „silberbepuderte" Perücke weist ihn als einen modebewussten, finanziell gut situierten Mann aus, dem es etwas zu repräsentieren gilt: Seine bereits auf längerer Tradition basierende Parfumeriehandlung ist eine der renommiertesten, ihr Sitz mitten auf dem Pont au Change, einer mit vierstöckigen Häusern beidseitig bebauten Seine-Brücke, zählt zu den „feinsten Geschäftsadressen der Stadt" (S. 59).

Kein Erfinder, sondern Verwalter

Dass dieser Baldini weder ein Genie, noch ein begnadeter Handwerker, sondern allenfalls der Verwalter eines ehemals blühenden Geschäfts ist, erfährt der Leser recht bald durch die Person des Gehilfen Chénier und durch die ausgedehnte Wiedergabe von Baldinis eigenen Gedankengängen. Baldinis ehemals erfolgreiche Parfums, so erfährt man, gehen auf ererbte oder gekaufte Formeln zurück, olfaktorische Kreativität ist nie seine Stärke gewesen, kein Erfinder ist er, sondern lediglich „ein sorgfältiger Verfertiger von bewährten Gerüchen" (S. 66). So erleben wir Baldini, vor die Aufgabe gestellt, im Auftrag des Grafen Verhamont für die Beduftung einer Lederhaut ein neues Parfum zu kreieren, in einer Situation ritualisierten

Versagen als Parfumeur

Versagens: Zunächst mit kraftvollen, vollmundigen Sprüchen die Konkurrenz abwertend (vgl. S. 64), erweist er sich anschließend als zunehmend unfähig und kopflos. Um sich in den schon oft erprobten Betrug zu flüchten, sich insgeheim eines

Dufts der Konkurrenz zu bedienen, ist diesmal sein Selbsthass zu groß: Das bereits besorgte Parfum des Konkurrenten Pélissier wirft er, angewidert von seiner eigenen Bewunderung, in die Seine und fasst den Entschluss, sein Geschäft aufzugeben und sich nach Italien, nach Messina zurückzuziehen.

Wie vor ihm bereits Pater Terrier, so ist auch der Parfumeur Baldini in die sozial- und geistesgeschichtlichen Strömungen seiner Zeit eingebunden. Zeigt sich aber der Kirchenmann Terrier als eher fortschrittlicher Theologe von den Gedanken der Aufklärung maßvoll beeinflusst, so stellt sich Baldini als verzweifelter Anhänger der „guten altgewohnten Ordnung" (vgl. S. 102) dar. Polemisch wendet er sich gegen den „Geist der neuen Zeit" (S. 75), gegen „hektische Neuerungssucht" (S. 72), den „Geschwindigkeitswahnsinn" (S. 72) und den Forschungsdrang in Wissenschaft und Philosophie, als dessen Motive er die Ruhelosigkeit und Unzufriedenheit ihrer führenden Vertreter zu erkennen vermeint. Als Reaktion auf die Erkenntnis, sich mit seinem einstmals blühenden Handel selbst überlebt zu haben, wünscht er sich, wenige Jahrzehnte vor deren endgültiger Abschaffung 1791, die „Rigidität des alten Zunftrechts" (S. 69), die gesetzlich geregelten Produktionsweisen und überschaubaren Marktverhältnisse zurück. Sein abgrundtiefer Hass auf den neuen Zeitgeist konzentriert sich schließlich auf die Person des jungen Konkurrenten Pélissier, der, aus dem Hause eines Essigsieders stammend, ohne zünftige Ausbildung mit seinen immer neuen Kreationen den Markt der Düfte bestimmt und Baldini an den Rand drängt.

Gegner der Aufklärung

Im Rahmen eines solchen Persönlichkeitsbildes ist es folgerichtig, dass Baldini dem anmaßenden Gerbergesellen Grenouille, der sich ein Parfum zu mischen zutraut, dessen Formel zu bestimmen dem Parfumeurmeister soeben misslungen ist, mit Herablassung und Spott begegnet. Dass er diesem hergelaufenen Gerbergesellen überhaupt eine Chance gibt, seine Behauptungen unter Beweis zu stellen, ist nur damit erklärbar, dass Baldini seine

Herablassung gegenüber Grenouille

berufliche Laufbahn abgeschlossen wähnt und nichts mehr verlieren zu können glaubt. Wenn dann der Handwerksmeister, je offensichtlicher Grenouilles geniale Fähigkeiten zu Tage treten, desto hektischer und abwertender reagiert, bis er sich schließlich der „Überzeugungskraft des Duftes" (S. 107) nicht verschließen kann, so deshalb, weil durch Grenouilles Handeln sein berufliches Weltbild zusammenfällt. Der „nach Regeln dürstende Geist" (vgl. S. 118), überzeugt davon, dass es nur „eine einzig mögliche und richtige Art" (S. 103) der Parfumkreation gibt, steht angesichts des von Grenouille angerichteten „entsetzlichen schöpferischen Chaos" (vgl. S. 119) kurz vor dem „vollständigen Kollaps" (S. 118).

Ausbeutung des genialen Lehrlings

Zwar braucht Baldini etwas Zeit, seine Überheblichkeit und seine Abwehrhaltung aufzugeben, doch dann beginnt er Grenouilles geniale Arbeitskraft nach allen Regeln der Kunst systematisch auszubeuten. Nun nutzt er seinen Lehrling aus, legt sich als unschätzbares Vermögen eine Formelsammlung der Düfte an, umgeht alle Zunftgesetze und gründet eine Manufaktur im Faubourg Saint-Antoine, exportiert ins Ausland und plant bereits ein Parfum für die „Neue Welt" (vgl. S. 144). Erst als der zu Reichtum und Ansehen gekommene Baldini den zum Gesellen ernannten Grenouille mit bescheidenem Reiseproviant und wenigen Francs entlassen hat, rationalisiert er seine Gewissensbisse, die ihn während der Anwesenheit dieses „Zauberer(s)" (vgl. S. 142) geplagt haben. An dieser Stelle des Geschehens schließlich steigert sich die bisher satirische Darstellung von

Wendung zur Groteske

Baldinis ausbeuterischem und heuchlerischem Verhalten zur Groteske: Befreit von seinem „unheimlichen Gast" (vgl. S. 143), auf seinen expandierenden Handel blickend, das Büchlein mit sechshundert Parfumformeln „über seinem Herzen" (S. 143), bleibt ihm nur noch die Angst, er könne noch nachträglich für sein verbotenes Treiben bestraft werden. Und gerade dies tritt in der folgenden Nacht ein: Zwei Häuser des bebauten Pont au Change brechen in die Seine, von Baldini und seinen Reichtümern bleibt nichts mehr außer einem sich bald verflüchtigenden Duftgemisch über dem Wasser. Der von Baldini kurz zuvor gedachte Satz: „Der Reichtum aber blieb und war für alle Zukunft sicher" (S. 143) wird auf groteske Weise falsifiziert.

Der Marquis de la Taillade-Espinasse

Hat der bürgerliche Parfumeur Baldini Grenouille in die handwerklichen Grundlagen der Duftherstellung und -bearbeitung eingeführt, so übernimmt der adlige Marquis de la Taillade-Espinasse die Aufgabe, den inzwischen verwilderten Parfumeurgesellen mit den Umgangsformen der feineren Gesellschaft, ja sogar der Wissenschaft vertraut zu machen. Eigentlich hätte sich Grenouille keinen besseren Mentor wünschen können: Der Marquis de la Taillade-Espinasse, zu dessen Landgut der wunderliche Waldmensch Grenouille gebracht wird, ist Lehensherr des kleinen, in den Cevennen gelegenen Städtchens Pierrefort, Mitglied des Parlaments in Toulouse und verfügt über ein Stadtpalais im vierundsechzig Meilen entfernten Montpellier. Bis zum vierzigsten Lebensjahr hat der Marquis in der großen Welt des königlichen Hofes in Versailles gelebt, um sich dann auf seine Landgüter zurückzuziehen und sich ganz den Wissenschaften zu widmen. Inzwischen bereits der „Schwelle zum Greisenalter" (S. 206) nahe, von zahlreichen Alterskrankheiten gepeinigt (vgl. S. 188 f.), kann der Marquis allerdings auf ein umfangreiches wissenschaftliches Werk zurückblicken. Schon bei dessen Vorstellung setzt der Erzähler jedoch die ersten Ironiesignale. So hat der Marquis ein Werk über „dynamische Nationalökonomie" verfasst, „in welchem er die Abschaffung aller Abgaben auf Grundbesitz und landwirtschaftliche Erzeugnisse sowie die Einführung einer umgekehrt progressiven Einkommenssteuer" (S. 178) mit der Intention vorschlägt, die Armen durch eine höhere Besteuerung zu mehr Arbeit und größerem Fleiß anzuhalten. Mit dieser ironi-

Erziehungsfunktion des Marquis

Flucht vom Hof in die Wissenschaft

schen Einführung des Marquis wird dem Leser deutlich signalisiert, was er zu erwarten hat: eine Satire auf die Wissenschaftsirrtümer der Aufklärungszeit.

Skurrile
Projekte

Die wissenschaftlichen Publikationen und Forschungsprojekte des Marquis verraten einerseits ein auch für einen Wissenschaftler des achtzehnten Jahrhunderts begrenztes Denken, ergänzt durch eine überschäumende, skurrile Fantasie, andererseits aber ein untrügliches Gespür für die eigenen Interessen und für öffentlichkeitswirksame Inszenierungen. So hat er sich einem Projekt zur Erforschung der „Zusammenhänge zwischen Erdnähe und Vitalkraft" (S. 178 f.) verschrieben

Die Theorie des
‚fluidum letale'

und die These aufgestellt, die Erde verströme ein „fluidum letale" (S. 179), ein Verwesungsgas, das sich auf alle Organismen in Erdnähe lähmend auswirke. Die Verifizierung dieser These verfolgt der Marquis mit großem Fanatismus, alle gegenteiligen Erfahrungen und Beobachtungen blendet er aus und verdrängt sie. Überdies erlaubt ihm sein materieller und sozialer Hintergrund, großzügig angelegte Experimente zur Täuschung der wissenschaftlichen Öffentlichkeit zu inszenieren. Die

Wissenschafts-
satire

Wissenschaftssatire, vor deren Folie die erfolgreiche Resozialisierung Grenouilles eingeleitet wird, arbeitet hier mit den Mitteln der Übertreibung, vermischt Fantastisches mit historisch Verbürgtem.

Grenouille,
vom Letalgas
geschädigt

Als ihm der verwilderte Grenouille, mit Haaren zugewachsen, die Nägel zu Krallen verformt, die Haut in Fetzen herabhängend, zu Gesicht kommt, wittert der Marquis die Gunst der Stunde. Ob Grenouilles Narben, seinen Buckel oder seinen Klumpfuß, alles deutet der Marquis als Folge des währenddessen Höhlenaufenthalts jahrelang eingeatmeten Letalgases und unternimmt es, ihn „mittels einer Ventilationstherapie in Kombination mit Vitaldiät" (S. 181 f.) vor den Augen der wissenschaftlich interessierten Öffentlichkeit wieder herzustellen. Dass der Marquis dabei ein mit

Der Wunderheiler

äußerster Konsequenz und aufwendig angelegtes Täuschungsmanöver einleitet, durchschaut Grenouille schon sehr schnell. Nichts deutet aber darauf hin, dass es dem Marquis selbst bewusst wäre. Einerseits setzt er Grenouille im Speicher seines Stadtpalais einem selbst erfundenen Freiluftventilationsapparat aus, ernährt ihn mit „diätetischen Speisen erdferner Provenienz" (vgl. S. 183) und wirkt damit im Sinne seiner Wissenschaft gegen die vermeintlich schädigenden Einflüsse des Letalgases. Andererseits unterzieht er Grenouille einer sorgfältigen Körperpflege mit den feinsten Kosmetika, kleidet ihn, der neuesten Mode entsprechend, in vornehme Gewänder, bringt ihm eine selbstbewusste Körperhaltung und preziöse Bewegungen bei und bereitet ihn damit für einen Auftritt in erlesener Gesellschaft vor. Um ein Scharlatan zu sein, ist sich der Marquis seines Betrugs zu wenig bewusst und steht er zu wenig auf dem Boden der Realität, aber seinem Ziel, mit seiner Fluidaltheorie wissenschaftliche Berühmtheit zu erlangen, strebt er mit borniertem Fanatismus konsequent und unerbittlich zu.

Überzeugt davon, das Tier Grenouille in einer „geradezu göttliche(n) Tat" zum Menschen gemacht zu haben, zeigt sich der Marquis „erschüttert über meine Genialität" (S. 184). Deutlich werden durch diese Aufnahme des Geniemotivs die ironischen Bezüge zur Triumphszene Grenouilles auf dem Richtplatz in Grasse: Während der wirklich genial begabte Grenouille eine „prometheische Tat vollbracht" (S. 304) zu haben wähnt und sich noch über Gott und Prometheus erhebt, lässt sich der scheinbare Menschenschöpfer Taillade-Espinasse, dessen Taten so offensichtlich auf Lug und Trug basieren, von seiner vermeintlichen Genialität erschüttern. Zur vollends lächerlichen Figur wird der Marquis schließlich dann, wenn Grenouille die Grundgedanken der Fluidaltheorie aufgreift und auf das Veilchenwurzelparfum des Marquis mit gespielter Ohnmacht reagiert, um sich, durch die Komödie geschützt, eigene Parfums mischen zu können.

Er, der Adlige, redet im Überschwang der Gefühle Grenouille mit „mein fluidaler Bruder" (S. 201) an und betont, dass im Hinblick auf die allgemeine Verbreitung des Letalgases, „alle Menschen gleich

Beweis für das Letalgas

Marquis als Genie

Marquis als ‚Aufklärer'

seien" (S. 201). Damit entströmen dem „aufgeklärten Herzen" (vgl. S. 189) des Marquis Aussagen, die unverblümt auf die spätere Parole der Französischen Revolution „Einheit, Freiheit, Brüderlichkeit" verweisen, doch bleibt sich der Marquis seines Standes immerhin so weit bewusst, dass er diese Gedanken nur angesichts des lebensbedrohenden Letalgases für gültig erklärt.

Vertreter der Adelswelt

Aus der Sicht des traditionellen Bildungsromans übernimmt der Marquis de la Taillade-Espinasse die Aufgabe, den Helden Grenouille in die feinen Sitten des Adels einzuführen. Er führt Grenouille in die menschliche Gesellschaft zurück, pflegt ihn und stattet ihn mit Geld aus. Doch dient all seine Zuwendung dem einzigen egoistischen Ziel, durch sorgfältig angelegte Täuschung eine unhaltbare wissenschaftliche Theorie zu verbreiten und damit Berühmtheit zu erlangen. Wenn Grenouille tatsächlich die Gelegenheit erhält, seine Wirkung auf die Öffentlichkeit zu erproben, seine Diktion in Salongesprächen der feineren Gesellschaft zu verbessern, so lediglich als ausgenutztes Demonstrationsobjekt.

Demonstrationsobjekt Grenouille

Erdflucht des Marquis

Wie Pater Terrier, nachdem er den Säugling Grenouille abgegeben hat, sanft entschläft, Grimal betrunken in die Seine fällt, Baldini mit dem Pont au Change und seinen Häusern in den Strom stürzt, ist auch dem Marquis nach der unbemerkten Flucht Grenouilles kein langes Leben mehr beschieden. Zwar bleibt ihm noch die Zeit, die erste „Loge des vitalen Fluidums" (S. 206) zu gründen, doch dann lässt er sich, vom Wahn seiner Theorien getrieben, zum Fuß des 2800 Meter hohen Pic du Canigou in die Pyrenäen tragen, steigt „laute Jauchzer ausstoßend" (S. 207) in die kalte Einsamkeit und kehrt nicht mehr zurück.

Die Witwe Arnulfi und ihr Geselle Druot

Attraktivität und Verhandlungsgeschick

Anschauliche Einblicke in die in dem Städtchen Grasse entwickelten Techniken der Duftgewinnung, der Mazeration und der Enfleurage, erhalten wir im Parfumatelier der Witwe Arnulfi. Madame Arnulfi, deren Mann, Maître Parfumeur Honoré Arnulfi, erst wenige Monate zuvor gestorben ist, wird als eine „lebhafte, schwarzhaarige Frau von vielleicht dreißig Jahren" (S. 219) eingeführt, die sich sowohl durch einen „gesunden Wohlstand" als auch durch einen „gesunden Geschäftssinn" (vgl. S. 220) auszeichnet. Dass sie ihre Interessen entschlossen zu wahren und Arbeitsbedingungen zu ihren Gunsten zu gestalten weiß, erfährt Grenouille bereits bei seinem Vorstellungsgespräch: Mehr als eine „Kabane" (S. 220), eine fensterlose Hütte im nahe gelegenen Olivengarten, mehr als einen Wochenlohn von zwei Francs und eine warme Mahlzeit am Tag mag sie nicht anbieten. In ihrem Atelier übernimmt sie die ihr zustehenden Aufgaben mit Hingabe: Sie überprüft die Pomaden und Essenzen, beschriftet die Behältnisse und trägt deren Quantität und Qualität in die Geschäftsbücher ein. Angetan mit ihrem schwarzen Witwenschleier, besucht sie die Händler der Stadt, orientiert sich über den Duftstoffmarkt und seine Preise und entscheidet über die konjunkturgerechte Weiterverarbeitung ihrer Produkte. Ganz in ihren Duftstoffen lebend, bekommt sie beim Anschauen eines Flakons mit Essence Absolue einen „schmelzend schönen Blick" (S. 225). Diese sinnlichen Komponenten ihrer Persönlichkeit verhindern aber nicht, dass sie bei ihrer zweiten Eheschließung mit dem Gesellen Druot ihre Rechte und ihren Besitzstand wahrt: Sie behält ihren alten Namen sowie ihr ungeteiltes Vermögen, führt die finanzielle Leitung des Geschäftes fort und bewacht den Schlüssel zum Keller.

Die kluge Geschäftsfrau

Der „eine Wolke von Spermiengeruch" (S. 220) verbreitende erste Geselle Dominique Druot, von riesenhaftem Wuchs, begegnet Grenouille mit wohlwollender Herablassung. Dass er „Madames Bett zu teilen" (S. 220) gewohnt ist, bleibt Grenouille ebenso wenig verborgen wie er sofort erkennt, dass nur die bei Grimal schon erfolgreich praktizierte Strategie der Unterwerfung und Verstellung längerfristig Erfolg haben kann. Druot

Druot: männlich und überlegen

seinerseits, „nicht gerade fabelhaft intelligent, aber auch nicht völlig dumpfköpfig" (S. 226), spürt schon recht bald, dass Grenouille nicht nur nach den erlernten Regeln handelt, sondern die bessere Nase hat bzw. den Sättigungsgrad der Fette intuitiv erfasst, und richtet sich zunehmend nach dessen Vorschlägen. Durch seine Eheschließung mit Madame Arnulfi steigt Druot zwar zum „Maître Gantier et Parfumeur" (S. 240) auf, doch bleibt ihm nur wenig Zeit, sein neues gesellschaftliches Ansehen in Grasse zu genießen. Da Grenouille auf wundersame Weise verschwunden und sein Todesurteil kassiert ist, braucht die Gesellschaft einen neuen Schuldigen. So wird Druot verhaftet, in dessen Olivengarten die Behausung des Mörders entdeckt wurde, der nach vierzehn Stunden Folter auch gesteht und ohne nennenswerte Anteilnahme der Bevölkerung hingerichtet wird. Somit beschließt der ahnungslose Geselle Druot die Reihe der Personen, die nach dem Verschwinden Grenouilles unter grotesken Umständen einen schnellen Tod finden.

Das Ende als Sündenbock

Antoine Richis: Der getäuschte Gegenspieler

Erfolgreicher Geschäftsmann

Bei den Vorbereitungen seines letzten Mordes an Laure Richis, einem „strahlend" (S. 263) schönen Mädchen, werden Grenouilles Pläne zum erstenmal von einem Gegenspieler durchkreuzt, von dem nicht minder planvoll denkenden Vater Antoine Richis. Der mit vierzig Jahren schon verwitwete Richis, „von ungebrochner Vitalität" (S. 253), „prächtig anzusehen" (S. 263) und zweiter Konsul in Grasse, wird als Mann von unermesslichem Reichtum und hohem Ansehen vorgestellt. Öffentliche Ämter wie Besitz hat er sich in zäher Arbeit und aufgrund seiner Fähigkeiten erkämpft, ihm drohende Gefahren früh zu erahnen, die Machenschaften seiner Konkurrenten zu durchschauen und ihre Pläne wirkungsvoll zu durchkreuzen. Sein gegenwärtiges Handeln wird im Wesentlichen von zwei ihn beherrschenden Impulsen gesteuert: Dem Drang nach gesellschaftlichem Aufstieg seiner Familie durch Verbindung mit dem Adelsstand und der Liebe zu seiner Tochter Laure.

Aufstiegsgedanken und Liebe zur Tochter

In die Strategie des gesellschaftlichen Aufstiegs hat Antoine Richis als erstes seine Tochter Laure als wertvolles Handelsobjekt eingeplant. Für ihre Verheiratung mit dem Sohn des Barons von Bouyon sind in den Vorbesprechungen der beiden Väter die Weichen schon gestellt. Durch diese Heirat gesellschaftlich gestärkt, plant Richis erst in einem zweiten Schritt seine eigene neue Eheschließung und Verbindung mit einem „hochangesehenen" (S. 254) Haus, um seine Nachkommen schließlich „zu höchstem gesellschaftlichem Ansehen und politischem Einfluß" (ebd.) zu führen. Im Rahmen seiner Aufstiegsstrategie nimmt Richis' Tochter Laure somit eine wichtige, weil initiierende Rolle ein.

Laure als Handelsobjekt

Über alle ökonomischen Interessen hinaus verbindet den noch ungebrochen vitalen Witwer Richis auch eine nur mühselig im Zaum gehaltene Liebe zu seiner Tochter. Wenn Richis seine Tochter anschaut, droht er Raum und Zeit zu vergessen, wenn er abends oder morgens die Konturen ihres schlafenden Körpers erblickt und ihre Wärme spürt, bedarf es seiner ganzen Anstrengung, die aufkommende sexuelle Begierde zu unterdrücken. Was Richis aber an libidinösen Wünschen nicht auslebt, schafft sich desto stärker in seiner Neigung Platz, seine Tochter abzuschirmen, zu behüten und an sich zu binden. In der Zeit der Grasser Serienmorde verstärkt er zwar den Schutz seines Hauses, behält sie aber bei sich, von seinen Flucht- und überstürzten Heiratsplänen verrät er ihr nichts. Somit mischen sich in der Sorgfalt, mit der Richis seine Tochter bewacht, zwei zentrale Motive: eine kaum gebändigte, sich an der Grenze zum Inzestuösen bewegende Leidenschaft und ein in ökonomischen Begriffen durchkalkuliertes gesellschaftliches Interesse.

Laure als Objekt der Begierde

Der behütende Vater

Vor diesem Hintergrund wird verständlich, dass der ansonsten besonnene und gelassene Richis

Erkennen der Bedrohung

nach einer im Traum erhaltenen Vorahnung von Laures Tod, dem Tod seines gleichzeitigen Liebes- und Tauschobjekts, in panische Angst verfällt und erst langsam wieder zu klaren Gedanken zurückfindet. Sein tiefes Wissen um die körperlichen Reize seiner Tochter treibt ihn dazu an, sich mit seinem ganzen strategischen Denken in die Person des Mörders hineinzuversetzen, die Zielstrebigkeit seines Handelns aufzudecken und zu erkennen, dass nur seine Tochter Laure das nächste Opfer sein könnte. Zwar durchschaut er die ganz auf Laure als „Schlußstein seines Gebäudes" (S. 259) zugeschnittene Systematik des Mörders und auch sein ideelles Motiv, verschlossen bleibt ihm aber, dass der potentielle Mörder seine Instinktsicherheit ganz aus seinem genialen Geruchssinn bezieht. So wähnt sich Richis seinem Gegner zwar „haushoch überlegen" (S. 260), in Wirklichkeit aber liefert er sich dem Zugriff des Mörders um so schutzloser aus, je fintenreicher er ihm zu entgehen versucht.

Einfühlen in den Mörder

Inszenierte Flucht

Wenn Richis für seine plötzliche Reise ein falsches Ziel angibt, zur Täuschung seines Gegners Umwege wählt, Verkleidungen inszeniert und auf größtmögliche Sicherheit achtet, verhält er sich gegen seinen Grundsatz, „sich seine Entschlüsse nicht von anderen vorschreiben" (S. 256) zu lassen. Was das strategische Denken des erfolgreichen Geschäftsmanns Richis so fragwürdig macht, ist gerade die Tatsache, dass er die Ziele seines Gegners so genau wie kein anderer durchschaut und dennoch ihm alle Trümpfe unwissend zuspielt. So ist der Mörder Grenouille, unbeeindruckt von den ausgelegten falschen Fährten, schon im Gasthaus von La Napoule angekommen, ehe Richis getarnter Reisetross eintrifft. Auf einem Kontrollgang in den Pferdestall des Gasthauses stuft Richis den mit einem „Unauffälligkeitsgeruch" (vgl. S. 272) bedufteten Grenouille als vollkommen harmlos ein. Schließlich findet der durch seine Vorkehrungen beruhigte Richis gerade in der Mordnacht, wo noch alles zu verhindern gewesen wäre, „zum ersten Mal seit langer Zeit [...] einen tiefen, ruhigen, erquickenden Schlaf" (S. 272).

Richis Irrtum

Nach Laures Ermordung zieht sich Richis aus der Öffentlichkeit ganz zurück, verhärtet sich in einem Ekel über sich selbst und die Welt, bittet sich die Haare und die Kleider seiner Tochter als Reliquien aus und errichtet auf ihrem Bett eine Gedenkstätte, vor der er Tage und Nächte wachend und ohne Tränen verbringt. An der Vorführung des Mörders nimmt er nicht teil, wohl aber sichert er sich für den Tag der Hinrichtung einen Platz in der vordersten Reihe, um den mit dem Tod kämpfenden Mörder seiner Tochter seinen „ganzen Ekel" (S. 295) spüren zu lassen. Aber ausgerechnet in dem Augenblick, wo er, Grenouille zum zweitenmal begegnend, ihm seinen ganzen Hass entgegenschleudern könnte, versagt Richis erneut. Von Grenouilles Duft gebannt, legt sich „kein rächender Engel, sondern ein erschütterter, kläglich schluchzender Richis" (S. 308) in die Arme des Mörders und bittet um Vergebung. Von hier ab nimmt das Verhalten Richis so deutlich groteske Züge an, dass man fast von einem Zerfall seiner Persönlichkeit sprechen kann. Grenouilles Parfum bietet Richis als Herznote den Duft seiner Tochter, so übertragen sich die libidinösen Wünsche, die Richis seiner Tochter entgegengebracht hat, mit magischer Unausweichlichkeit auf den neuen Träger ihres Dufts. Nicht nur verzeiht der gestrafte Vater dem Mörder seiner Tochter, er liebt ihn sogar, lässt ihn auf Laures Bett legen und bittet ihn, sein Sohn zu werden. Als Grenouille zusagt, erfasst Richis ein unendliches Glück, und er küsst den ihm geschenkten Sohn auf den Mund.

Damit reiht sich, zumindest in einem übertragenen Sinne, Richis in die Galerie der Figuren ein, die an Grenouille ihren Dienst verrichtet haben und nach dessen Flucht eines plötzlichen Todes sterben. Zwar erfahren wir über das weitere Schicksal des vermögendsten Bürgers von Grasse nichts mehr, doch ist der strategisch denkende, vom Erfolg verschönte Richis beim Abschied Grenouilles nur noch ein in verirrten Gefühlen schmachtender, gedemütigter Mann, in dessen Blicken der Erzähler nicht mehr als die „hohle, dümmliche Tiefe des Liebenden" (309) entdeckt.

Ekel und Wut

Richis grotesker Umschwung

Depersonalisierung

3. Die Thematik

Geruchs- und Duftgeschichte

Flüchtigkeit der Geruchseindrücke

Die Einführung des Helden Jean-Baptiste Grenouille beschließt der Erzähler mit einer Erklärung dafür, weshalb der Name dieses „genialen Scheusals" im Gegensatz zu dem de Sades, Saint-Justs, Fouchés und Bonapartes heute in Vergessenheit geraten sei: Sein Ehrgeiz habe sich ausschließlich auf ein Gebiet beschränkt, „welches in der Geschichte keine Spuren hinterläßt: auf das flüchtige Reich der Gerüche" (S. 5). In der Tat bleibt die Luft als Geruchsträger unsichtbar. Geruchseindrücke, obwohl sie in der Erinnerung lange haften, lassen sich über die kurzen Augenblicke der Empfindung hinaus nicht fixieren. Dies hat mit dazu beigetragen, dass der Geruchssinn noch im 18. Jahrhundert als einer der niedersten Sinne betrachtet wurde. Zur Entwicklung des menschlichen Denkens habe er nur wenig beigetragen. So bezeichnet Immanuel Kant den Geruchssinn als den „undankbarsten" und „entbehrlichsten", da der „Genuß durch diesen Sinn [...] immer auch nur flüchtig und vorübergehend sein" könne (vgl. Kant, S. 453).

Unterdrückung des Geruchssinns

Dass die Geschichte der Gerüche über Jahrhunderte hinweg kaum wahrgenommen, geschweige denn geschrieben wurde, verdankt sich jedoch nicht allein der Flüchtigkeit der Empfindung. Der Geruchssinn galt auch deswegen als einer der niedersten Sinne, weil er als der archaischste aller Sinne zur Grundausstattung einfacher Lebewesen gehört. Seine Funktion besteht nicht nur im frühzeitigen Erkennen von Feinden, sondern auch im Entschlüsseln sexueller Signale. Diese Verbindung des Geruchssinns und seiner Organe mit Triebhaftigkeit und Sexualität führt dazu, dass unter dem Einfluss des Christentums die Welt der Gerüche und ihrer Wahrnehmung weitgehend verdrängt wird. Noch in der Aufklärung sehen die Philosophen im Geruchssinn eher einen Gegenpol zur Intelligenz und Vernunft. „Als Sinn der Lust, der Begierde, der Triebhaftigkeit", so fasst Corbin die noch im 18. Jahrhundert verbreiteten Vorurteile zusammen, „trägt das Riechorgan den Stempel der Animalität. Riechen und Schnüffeln erinnert an etwas Tierisches" (vgl. Corbin, S. 15). Diese Ansichten vertritt auch der ansonsten „aufgeklärte" Pater Terrier im Gespräch mit der Amme Jeanne Bussie. Wenn die Amme behauptet, der Säugling Grenouille rieche nicht und dahinter stecke vielleicht ein Teufelsspuk, so entgegnet ihr Terrier entrüstet, der Teufel lasse sich nicht so einfach entlarven und erst gar nicht mit der Nase: „Mit dem primitiven Geruchsorgan, dem niedrigsten der Sinne!" (S. 20)

Wenn Süskind mit Jean-Baptiste Grenouille eine Figur erschafft, die sich, ansonsten von der Natur benachteiligt, im Paris des achtzehnten Jahrhunderts durch einen übersteigerten Geruchssinn auszeichnet, jahrelang unter schlimmsten Entbehrungen Gerüche sucht und in sich speichert, um endlich zu beschließen, „die Welt der Düfte zu revolutionieren" (S. 57), der „größte Parfumeur aller Zeiten" (S. 58) zu werden, so bewegt er sich dennoch auf einem historisch durchaus abgesicherten Gelände. Aufgearbeitet hat die Geschichte des Geruchs im 18. und 19. Jahrhundert der französische Historiker Alain Corbin in seinem 1982 in französischer Sprache und 1984 in deutscher Übersetzung erschienenen Band „Pesthauch und Blütenduft". In dieser sicherlich wichtigsten kulturgeschichtlichen Quelle für Süskinds Roman belegt Corbin die These, dass sich gerade in Paris um die Mitte des 18. Jahrhunderts das Bewusstsein der Menschen gegenüber den Gerüchen ihrer Umwelt verändert habe, dass nach jahrhundertelanger Vernachlässigung der Geruchswelt nun eine Epoche erhöhter Bewusstheit und Wachsamkeit anbreche. Zum einen beginnt man die schädigende Wirkung der Kot-, Abfall- und Verwesungsgerüche zu erforschen und an ihrer Beseitigung zu arbeiten, zum anderen entwickeln sich eine zunehmend differenziertere Kultur der Duftgewinnung und Duftverarbeitung und in den gesell-

Kulturhistorische Quellen

Corbins Thesen

schaftlich führenden Kreisen die Mode der Parfumierung. Den besonderen Wert dieser umfangreichen Studie macht aus, dass Corbin seine Thesen mit bisher weitgehend unbeachteten zeitgenössischen Quellen belegt und illustriert.

Quellentreue Schilderungen

Liest man unter der Perspektive von Corbins Duftgeschichte Süskinds detaillierte Schilderung der Geruchstopografie von Paris, so erkennt man, dass sich die Romandarstellung eng an die Quellen hält und in ihrer Drastik keineswegs übertreibt. Die getreueste zeitgenössische Schilderung der Geruchssituation in der französischen Hauptstadt gibt Louis-Sébastien Mercier in seinem 1782–1788 erschienenen „Tableau de Paris". Darin wundert sich der aufmerksame Zeitzeuge Mercier, dass es „inmitten einer von tausend fauligen Dämpfen vergifteten Luft, zwischen Schlachtereien, Totenäckern, Hospitälern, Abzugsrinnen, Urinbächen, Kothaufen, Färbereien, Lohgerbereien und Lederwerkstätten" (zit. nach Corbin, S. 78) überhaupt noch ein Mensch in Paris aushalten könne. Die Gerüche, die Süskind in seinem rhetorisch eindringlich gestalteten Tableau heraufbeschwört, sind in ihrer Intensität in den zeitgenössischen Quellen durchaus belegt. Auch die Bemerkung, dass üble Körpergerüche zur damaligen Zeit noch keineswegs an soziale Schichten und Stände gebunden waren, ist durch Corbins Forschungen abgesichert. Der provozierend zugespitzten Formulierung Süskinds: „Der Bauer stank wie der Priester, der Handwerksgeselle wie die Meistersfrau, es stank der gesamte Adel, ja sogar der König stank, wie ein Raubtier stank er, und die Königin wie eine alte Ziege" (S. 6) entspricht bei Corbin die weniger personalisierende, die Quellenbefunde zusammenfassende Erkenntnis: „Im Augenblick gibt es noch keine Trennungslinie zwischen dem Geruch des niederen Volkes und dem der Reichen" (vgl. Corbin, S. 76). Dem Geruch kam, noch weit über das 18. Jahrhundert hinaus, eine alle Stände vereinende Funktion zu.

Fehlendes Engagement

Was den Erzähler von Grenouilles Lebensgeschichte jedoch von dem Chronisten der damaligen Zeit unterscheidet, ist die Intention, mit der die Geruchstableaus entwickelt werden. Während der Mediziner Jean-Noël Hallé ein ausführliches Geruchsprotokoll der Seineufer, während Mercier die Berichte über seine Parisspaziergänge mit dem Ziel anfertigten, der Öffentlichkeit die geruchlichen Missstände und die damit verbundenen gesundheitlichen Gefahren bewusst zu machen, lässt sich bei Süskind ein soziales Engagement nicht erkennen. Nicht die hinter den Geruchstableaus stehenden gesellschaftlichen Missstände werden benannt. Vielmehr geht es darum, für das Leben des Geruchsgenies Grenouille eine erzähltechnisch wirkungsvolle, weil in schroffem Kontrast zu seinem späteren parfümistischen Schaffen stehende Umgebung zu entwickeln. Süskinds Intention ist es, neue Beschreibungsdimensionen zu erschließen, den Leser durch rhetorisch suggestive, aber auch durch spielerisch ironische Geruchsbeschreibungen ein authentisches Bild vom Paris des 18. Jahrhunderts zu vermitteln.

Lokalitäten wie Fischmärkte, Gerberwerkstätten, Parfumeurskontore oder die getarnten Paläste der Grasser Duftstoffhändler von ihrer Geruchstopografie her zu vergegenwärtigen, ist die erste Ausprägung der Geruchsthematik im „Parfum". Eine neue Funktion erhält die Welt der Gerüche in dem Augenblick, wo Grenouille während eines Feuerwerks zu Ehren des Königs überraschend einen nie gerochenen Duft erspürt. Bisher ist Grenouille allen neuen Düften analysierend und registrierend begegnet, zwar „mit Neugier, aber ohne besondere Bewunderung" (S. 47 f.). Jetzt plötzlich dringt „die Ahnung eines Dufts" (S. 50) bis zu seinem Herz vor, es wird ihm „schlecht vor Aufregung" (S. 51), und der Duft zieht ihn wie ein leitendes „Band" (S. 53) „unwiderstehlich" (S. 52) zu sich. Mit zunehmender Nähe steigt auch die Anziehungskraft dieser „Zauberformel", Grenouille geht „ohne eigenen Willen" (S. 53), wie ein Traumwandler. Die zweite Situation, in der Grenouille von der magischen Anziehungskraft eines Dufts überfallen wird, trifft ihn zwar weniger naiv – Grenouille ist inzwischen Parfumeursgeselle – wirkt sich aber ebenso zwingend auf sein Gefühlsleben aus. Gre-

Duft als Lockmittel

Magische Anziehungskraft

nouille muss stehen bleiben, wird festgehalten wider Willen, muss sich diesem Duft nähern (vgl. S. 214). Es wird ihm „heiß vor Wonne und kalt vor Schrecken", das Blut steigt ihm zu Kopfe, und es weicht „zurück in die Mitte des Körpers" (S. 215). In beiden Fällen, in der Rue des Marais wie in Grasse, ist das magische Objekt der Anziehung ein junges rothaariges Mädchen. Das erste Mädchen scheint auf dem Höhepunkt der Pubertät zu sein, der Erzähler schätzt es auf „dreizehn, vierzehn Jahre" (S. 53), das zweite scheint mit seiner Pubertät eben erst zu beginnen, seine Brüste sind noch kaum wahrnehmbare „Ansätze", weshalb ihr Grenouille für ihre geruchliche Reifung noch „ein bis zwei Jahre" (vgl. S. 217) Zeit gibt.

Kontrastthema Geruchsferne

Mit der Geruchsdichte der Hauptstadt Paris, deren Topografie Süskind eindrucksvoll über die Fäkal- und Verwesungsdüfte, über die Gerüche der Gerber und Färber und über die Ausdünstungen der Menschen vergegenwärtigt, kontrastiert die Geruchsferne, die von keinem Menschen je betretene „feuchte, salzige Kühle" (S. 156) der Höhle im Plomb du Cantal. Erst als Grenouille der Geruchsmetropole den Rücken kehrt, wird ihm bewusst, wie sehr er unter der Last des „geballten Menschenbrodems" (vgl. S. 148) gelitten hat. Je weiter er sich entfernt, desto leichter atmet er durch, geht „immer beschwingteren Schritts" (S. 148), findet „sporadisch zu einer geraden Körperhaltung" und sieht „von ferne betrachtet beinahe wie ein gewöhnlicher Handwerksbursche" aus (S. 148). Hier offenbart sich, was der Philosoph Immanuel Kant in seiner „Anthropologie" dem Geruchssinn vorwirft, dass er nämlich dem Menschen keine Freiheit lasse, weil dieser sich dem Geruchseindruck dauerhaft nicht entziehen könne (vgl. Kant, S. 451 f.).

Unausweichlichkeit des Riechens

Kontrastthema fehlender Geruch

Auch Grenouilles bestürzende Entdeckung, selbst keinen Körpergeruch zu besitzen, ist als Kontrastmotiv eingebunden in die Geruchsthematik des Romans. Worüber das Mädchen in der Rue des Marais in Überfülle verfügt, einen überwältigenden, geradezu magisch anziehenden Körpergeruch, das entbehrt Grenouille gleich vollends. Mit diesem Motiv der Geruchlosigkeit bereichert Süskind den Roman um ein weiteres fantastisches Element. Dass sich jeder Mensch durch einen ihm eigenen Körpergeruch auszeichnet, hätte kein Gelehrter des 18. Jahrhunderts ernsthaft angezweifelt. Die Beziehung zwischen dem menschlichen Körper und seinem Geruch wurde damals schon als Identität gedacht, eine Vorstellung, die auch durch jüngere Forschungsergebnisse immer wieder belegt wird (vgl. Morris, S. 56 f.). So kann der aufgeklärte Pater Terrier die angebliche Geruchlosigkeit des Säuglings Grenouille auch nur unter Zuhilfenahme theologischer Spitzfindigkeiten auf sich beruhen lassen (vgl. S. 20 f.). Für Grenouille bedeutet die Erkenntnis eine existentielle Erschütterung, ein Zweifeln an seiner Identität und eine erneute Besinnung auf sein Lebensziel.

Körpergeruch und Identität

Sozialgeschichte

Unterste soziale Schichten

Um die literarische Hauptfigur des Romans, eine radikale Rand- und Außenseiterexistenz, in ihren sozialen Kontext einzufügen, muss der Autor Süskind einen schroffen Blick in die gesellschaftlichen Niederungen Frankreichs im 18. Jahrhundert werfen. Bereits Grenouilles Herkunft und die Umstände seiner Geburt verweisen ihn in die untersten Schichten der Gesellschaft: Vier „Totgeburten oder Halbtotgeburten" (S. 8) gehen Grenouille voraus, er selbst wird im Abfall geboren, einen Tötungsversuch überlebt er wie durch ein Wunder, seine Mutter wird wegen mehrfachen Kindsmords hingerichtet. Ausführlich und faktengenau entwickelt Süskind die Überlebenschancen eines Findelkinds zur damaligen Zeit. Von der Sammelstelle für Findlinge in der Rue Saint-Antoine hätte ein Lastenträger, wäre Grenouille getauft gewesen, den Säugling in ein Großfindelheim nach Rouen gebracht. Dass „die Sterberate unterwegs außerordentlich hoch war" (S. 10), erwähnen auch zeitgenössische Chronisten: Auf dreißigtausend Neugeborene im Jahre 1780 sollen etwa sieben-

Schicksal der Findelkinder

bis achttausend Findelkinder entfallen sein, deren Aussetzung professionell betrieben wurde.

Mortalitätsrate

Dass Findlingsheime „höchst fragwürdige Bewahranstalten" waren, „wo Krankheiten und Kindersterblichkeit immer wieder furchtbare Verheerungen anrichteten" (vgl. Farge, S. 573), stellen auch moderne sozialgeschichtliche Untersuchungen fest. Wenn Süskind die, wie er sarkastisch formuliert, „Verlustquote" (S. 27) der großen staatlichen und kirchlichen Findelhäuser auf „neun Zehntel" (S. 27) und die Zahl der in Paris „produzierten" (vgl. S. 27) Findelkinder, Bastarde und Waisen mit zehntausend beziffert, befindet er sich im Einklang mit der sozialgeschichtlichen For-

Ammenaufzucht

schungslage. Die Unterkunft in einem Findelhaus bleibt Grenouille aufgrund der guten Laune eines Priors zwar erspart, jedoch erweist sich die Betreuung durch eine Amme als nicht weniger lieblos und gefährlich. In harten Wintern, so die Amme Gaillard, könne die Mortalitätsrate immerhin auf vier von vierundzwanzig Zöglingen steigen, doch überlebt Grenouille nicht nur die fehlende emotionale Zuwendung, sondern auch die Mordanschläge der ihm feindlich gesonnenen Mitzöglinge.

Menschenhandel statt Humanität

Auch in der weiteren Sozialisation Grenouilles häufen sich alle nur denkbaren Störfaktoren für die normale Entwicklung eines Kindes. Und das in einer Epoche, in der Rousseau in seinem Roman „Emile" bahnbrechende Thesen zu einer natürlichen, die Eigenart der kindlichen Psyche bewahrenden Erziehung entwickelt hat. Aus egoistischen Motiven heraus verkauft die Amme Gaillard ihren Zögling Grenouille an einen Gerber, bei dem er „nach menschlichem Ermessen keine Überlebenschance" (S. 38) besitzt. Eine Art Menschenhandel findet statt, bei dem die Rechtlichkeit des Geschäfts alles, die Humanität nichts bedeutet. Mit dem Erhalt des Geldes und einer schriftlichen Quittung entzieht sich die Amme ihrer Verantwortung. Von nun an wirft bereits die räumliche Unterbringung Grenouilles ein grelles Licht auf die soziale Misere. Beim Gerber Grimal haust Grenouille in einem „seitlich an die Werkstatt gebau-

ten Verschlag [...], in dem Gerätschaften aufbe-
wahrt wurden und eingesalzne Rohhäute" (S. 41),
Baldini stellt für seinen Lehrling eine „Pritsche"
(S. 114) in die hinterste Ecke der Werkstatt und
noch in Grasse weist die Witwe Arnulfi dem Gesellen eine „Kabane" oder besser „einen fenster-
losen Verschlag" (S. 220) im Olivengarten zu. Bei
seinem Verkauf an den Gerber Grimal bemisst
sich Grenouilles Wert ausschließlich an dem seiner
Arbeitskraft. Er übernimmt Tätigkeiten für Gesindel, herrenlose Kinder und Herumtreiber: das
„Entfleischen verwesender Tierhäute, das Mischen von giftigen Gerb- und Färbebrühen, das
Ausbringen ätzender Lohen" (S. 37). In klagloser
Anpassung sieht er seine einzige Überlebenschance. Die Reduktion seines menschlichen Wer-
tes auf seinen materiellen Nutzen wird in dem Augenblick noch einmal deutlich ausgesprochen, wo
Grenouille wider alle Erwartung den Milzbrand
übersteht und künftig resistent ist: „Und weil er
nun nicht mehr so leicht zu ersetzen war wie ehe-
dem, stieg der Wert seiner Arbeit und damit der
Wert seines Lebens." (S. 42)

Menschenwert
gleich Arbeitswert

Am Beispiel von Grenouilles Kindheit wird die soziale Misere der Deklassierten im Paris des 18.
Jahrhunderts zwar den Quellen entsprechend und
in ihrer Inhumanität getreu dargestellt, es fehlt
jedoch ganz der anklagende Ton des sozialen Engagements. Mitgefühl des Lesers kann kaum ent-
stehen, denn viel zu oft werden die harten Fakten
durch pointierte Formulierungen ästhetisch überzogen, nehmen humoristische Episoden wie Pater
Terriers religiöser Disput mit der Amme Bussie
den sozialen Situationen einen Teil ihres Ernstes.
Für diese irritierende Beobachtung, dass die All-
tagsmisere, das soziale Elend ganz ohne ersichli-
ches moralisches Engagement ästhetisch gestaltet
wird, lassen sich mehrere Erklärungen finden, die
alle mit der Grundstruktur des Romans zusam-
menhängen.

Fehlende
Sozialkritik

Zum einen folgt der Erzähler, wo er nicht in deutlich erkennbaren, ausdrücklichen Kommentaren
das Geschehen reflexiv begleitet, weitgehend der
Wahrnehmung seiner Hauptfigur Grenouille. Da

Soziale
Geruchsbilder

Grenouille aber jegliche formale Bildung fehlt, ihm systematisierende Begriffe ebenso fremd sind wie genaueres Nachdenken, bleiben ihm auch die sozialen Zusammenhänge seiner Zeit weitgehend verborgen.

Sozialgeschichte als Folie für Genialität

Eine weitere Erklärung für das erkennbare Fehlen eines sozialen Engagements ergibt sich aus der schon zu Beginn benannten zentralen Thematik des Romans: Nicht Mitleidsappell oder soziale Anklage kündigt der Erzähler an, sondern die Biografie eines von der Geschichte vergessenen, den großen Männern seiner Epoche aber ebenbürtigen Genies. Mithin dienen die Schilderungen menschlichen Elends in erster Linie der sozialen Kontextualisierung von Grenouilles Entwicklung. Kennzeichnend für die Entfaltung eines Genies ist es, dass es seinen Weg auch gegen widrige Umstände, auch in einer inhumanen Gesellschaft findet. Die lieblose Umgebung, die Anschläge auf sein Leben, die gesundheitsgefährdende Schinderei bei Grimal, die fast tödlichen Krankheiten sind die Niederungen, aus denen sich Grenouille aufgrund seiner Willensstärke herausarbeitet. Die Entbehrungen und Bedrohungen des Deklassierten sind somit erzähltechnisch ein notwendiger Kontrast zu dem sich abzeichnenden Duftgenie. Dem Grundsatz entsprechend, dass stark mache, was nicht umwerfe, werden Grenouilles Entbehrungen zu existentiellen Prüfungen stilisiert, aus denen er jedesmal gestählt und voller Selbstgewissheit hervorgeht. „Er hatte gesiegt, denn er lebte", so wird seine Genesung vom Milzbrand kommentiert, „und er besaß ein Quantum von Freiheit, das genügte, um weiterzuleben." (S. 43) Die Schilderung sozialer Missstände dient somit vor allem als Kontrastfolie, als genau recherchierte, stimmige Kulisse, vor der der in sich selbst verkapselte Zeck Grenouille, auf bessere Zeiten wartend, sein olfaktorisches Genie trotz aller einschränkenden Fesseln entfaltet.

Harter Weg zu den Gestirnen

Ereignis- und Ideengeschichte

Die vermeintlich großen Ereignisse der französischen Geschichte des 18. Jahrhunderts streift Süskind in seinem Roman nur am Rande. Angesichts der Konzentration des Romangeschehens auf die Lebensgeschichte Grenouilles erscheint dies auch nicht weiter verwunderlich. Und doch zeigen sich in der Marginalisierung historischer Ereignisse, vor allem aber in der Art ihrer Darstellung, deutliche Spuren einer ironisch-kritischen Auseinandersetzung mit gängigen Geschichtsbildern und historischen Legenden.

Entzauberung der großen Geschichte

Der französische Königshof, im überlieferten Geschichtsbild Ausdruck absolutistischer Herrschaft, gerät in den wenigen Hinweisen des Erzählers eher zur Karikatur von königlicher Machtfülle. Welch Spott auf das Königreich, wenn das „Versailler Hofleben" (S. 178) nur einmal mit dem wenig rühmlichen Zusatz erwähnt wird, der Marquis de la Taillade-Espinasse habe ihm schon mit vierzig Jahren den Rücken gekehrt. Auch das einleitende Gestankstableau der Stadt Paris liefert eine parodistische Majestätsbeleidigung. Der König stank „wie ein Raubtier" und die „Königin wie eine alte Ziege" (S. 6), formuliert Süskind und deutet in der Wahl seiner Tiervergleiche zugleich reale Machtstrukturen an. Wo sich diese dann im folgenden Handlungsverlauf zeigen, bleibt wenig von höfischem Glanz. Zwar verschafft ein Feuerwerk zum 38. Jahrestag der Thronbesteigung Ludwigs des XV. am Pont Royal dem zunehmend unbeliebten König nochmals „Ahs und Ohs und Bravos und sogar [...] Vivats" (S. 49), aber der Erzähler entlarvt dieses „Spektakel" (S. 49) als Ausdruck der Verblendung und greift damit erstmals das Motiv der Verführbarkeit des Publikums auf, das sich in der Grasser Massenorgie zur Groteske steigert. Einzig aus der Sicht des bürgerlichen Parfumeurs Baldini verfügt der König durch die Vergabe von Privilegien, die das „Ende aller geschäftlichen Sorgen und eine ewige Garantie für sicheren, unangefochtenen Wohlstand" (S. 131) bedeuten, noch über reale Macht. Ein „Parfum de

Karikatur höfischer Macht

Feuerwerk statt Glanz

Macht durch Privilegien

Madame la Marquise de Pompadour" oder „Parfum de Sa Majesté le Roi" (S. 132) sind denn auch, so der Erzähler ironisierend, „herrliche Vorstellungen", zu denen sich Baldini „verstiegen" (vgl. S. 132) hatte.

Entlarvung der Kriegsereignisse

Die Ergebnisse des siebenjährigen Krieges zeigen in der von Süskind gewählten Darstellungsform, wie unfreiwillig parodistisch sich monarchistische Kriegs- und Kolonialpolitik durch pointierte Verkürzung ausnimmt. Beiläufig, kommentarlos, ohne jeden Anflug empörender Anteilnahme und gerade deshalb entlarvend hält der Erzähler fest: „Die Truppen des Königs starben in Hessen und Westfalen, auf den Balearen, in Indien, am Mississippi und in Kanada [...]. Der Krieg kostete einer Million Menschen das Leben, den König von Frankreich sein Kolonialreich" (S. 169). Spiegelt die Reihung der Schauplätze schon den Größenwahn einer omnipotenten militärischen Präsenz, so macht die provokative Gegenüberstellung zweier ungleicher Verlustrechnungen, des Verlusts eines Kolonialreichs und des Sterbens von „einer Million Menschen" (S. 169), die monarchistische Kolonial- und Kriegsgeschichte zur Farce.

Geschichtsparodie

Schon in einem früheren Zusammenhang gerät die Erwähnung des siebenjährigen Krieges zur Parodie auf die Geschichte. Aus der Perspektive des Parfumeurs Baldini reduziert sich das Gerücht eines bevorstehenden Krieges zwischen England und Frankreich auf ein geschäftliches Kalkül. Nützt der Krieg dem Parfumabsatz oder schadet er ihm? Über den zunächst befürchteten Verlust seines englischen Exportmarktes tröstet ihn rasch eine vermeintlich „geniale Idee" (S. 144) hinweg. Angesichts „der bevorstehenden kriegerischen Auseinandersetzungen um die Kolonien in der Neuen Welt" (S. 144) sieht er sich schon mit

Krieg als Spekulationsobjekt

einem Parfum „Prestige du Québec" vor einem glänzenden geschäftlichen Erfolg. Dass der Erzähler die Figur Baldini „mit diesen süßen Gedanken in seinem dummen alten Kopf" (S. 144) aus dem Roman verabschiedet, zeigt, wie er die „geniale Idee" und damit die Urteilsfähigkeit dieses Parfumeurs einschätzt. Doch erst der kundige Leser, der um den Misserfolg der französischen Truppen in Übersee weiß – bezeichnenderweise bedeutet die Kapitulation Québecs am 18. 10. 1759 gerade den Anfang vom Ende des französischen Kolonialbesitzes – vermag die Ironie dieser kurzen Szene wirklich zu erkennen.

Beschränkt sich für den kleinen Baldini der große Krieg auf einen möglichen Geschäftserfolg, so findet für den großen Grenouille der Krieg „in der äußeren Welt" (S. 169) erst gar nicht statt. Gemessen am siebenjährigen „Seelentheater" eines Duftgenies bleibt für den zeitgleichen Schauplatz eines Krieges in Europa und Übersee nur noch eine Fußnote. Die Ausführlichkeit wie die pathetische Überhöhung, mit der Süskind Grenouilles Geruchs- und Seelenqualen beschreibt – hier ist von „innerem Imperium", „innerem Welttheater", „wirklich großen, heldenhaften Taten", „seinem Reich", „seiner Schöpfung" die Rede (vgl. S. 158 ff.) – steht inhaltlich wie sprachlich in kaum noch zu überbietendem Gegensatz zur Beschreibung der Schlachtfelder, Heldentaten und Qualen der realen Geschichte. Mit dieser pointierten Kontrastierung gibt der Erzähler das Geschehen „in der äußeren Welt" (S. 169), die Geschichte des siebenjährigen Krieges, der Lächerlichkeit preis.

Innere Welt statt äußerer

Keine andere Biografie wird vom Erzähler so eng mit den konkreten politisch-historischen Ereignissen verknüpft wie die der Amme Gaillard. Dies allerdings erst, nachdem sie mit dem Verkauf Grenouilles an Grimal 1747 aus dem eigentlichen Romangeschehen abtritt. In einem kurzen Erzählerexkurs wird ihr späteres Schicksal bis zu ihrem Tode 1799 vorweggenommen. Madame Gaillard beendet ihre Tätigkeit als Amme 1782, also fast siebzigjährig, kauft sich mit ihren Ersparnissen in eine lebenslange Rente ein, eine damals sehr verbreitete Form der privaten Altersversorgung, und wartet in „ihrem Häuschen" (S. 38) auf nichts mehr als einen „eignen, abgeschirmten, privaten Tod" (S. 38). Denn der öffentliche Tod ihres Mannes im Hôtel-Dieu, das gemeinsame „Sterben mit Hunderten von fremden Menschen" (S. 27), haftete in ihrer Erinnerung als traumatisches Erlebnis.

Madame Gaillard als Opfer der Geschichte

Doch statt dieser Erfüllung, so der Erzähler ironisierend, „kam etwas, womit kein Mensch auf der Welt hätte rechnen können und was es im Lande noch nie gegeben hatte, nämlich eine Revolution, das heißt eine rasante Umwandlung sämtlicher gesellschaftlicher, moralischer und transzendentaler Verhältnisse" (S. 38 f.).

Revolution als persönliches Desaster

Provokativ folgt dem kleinen lexikalischen Nachhilfeunterricht in Sachen Revolutionsbegriff, den Süskind seinem Leser gibt, die Schilderung der konkreten Auswirkung dieser „rasanten Umwandlung" auf das Schicksal der fast achtzigjährigen Madame Gaillard: Ihr Rentengeber ist zur Emigration gezwungen, seinen Besitz ersteigert ein Hosenfabrikant, der später die Rente nicht mehr in barer Münze, sondern in „Form von kleinen bedruckten Papierblättchen" (S. 39) auszahlt. Der radikale Wertverlust des Papiergeldes bedeutet für Madame Gaillard den materiellen Ruin, ein öffentliches Dahinsiechen im Hôtel-Dieu und schließlich die unwürdige Bestattung in einem „Massengrab" (S. 40).

Revolution als Tragikomödie

Die Geschichte der Französischen Revolution liest sich im Spiegel der Lebensgeschichte Madame Gaillards als Tragikomödie. Der Mythos der großen Revolution wird entzaubert, das Begriffspathos von der „Umwandlung sämtlicher gesellschaftlicher, moralischer und transzendentaler Verhältnisse" erweist sich angesichts des Schicksals der Amme Gaillard als zynisch. Im „Abschied" der Amme Gaillard aus dem Romangeschehen spiegelt sich nicht nur ein pointiertes Urteil über die Bedeutung der Französischen Revolution aus der Perspektive ihrer Opfer. Mit dem Verzicht auf parodistische Züge erhält der Tod der Amme eine Ernsthaftigkeit, die der „Verabschiedung" der Romanfiguren Terrier, Grimal, Baldini und auch Grenouille fehlt. Die Würdelosigkeit ihres öffentlichen Dahinsiechens im Hôtel-Dieu und das anonyme Massengrab sind Teil einer kollektiven Entwürdigung der sozialen Unterschichten im Paris des 18. Jahrhunderts.

Erweist sich die große Ereignisgeschichte angesichts der Biografien der Romanfiguren als wenig rühmenswert, so gerät die ideengeschichtliche Bestandsaufnahme der Epoche des 18. Jahrhunderts nach der Lektüre des „Parfum" zum Zerrbild des Vernunftzeitalters. Von den Leitideen bürgerlicher Aufklärungsphilosophie wie der Befreiung des Menschen von nicht legitimierten Zwängen, seiner Erziehung zum selbstverantwortlichen und moralisch handelnden Vernunftwesen bleibt ebenso wenig übrig wie am Romanende von seinem Helden Grenouille. Schon die den Roman einleitende Galerie berühmter „Finstermänner" (S. 5), die der Erzähler zum Markenzeichen des 18. Jahrhunderts in Frankreich macht, rüttelt an gängigen Epochenvorstellungen. Gegen die Betonung der Vernunft als Leitschnur menschlichen Handelns setzt Süskind mit seiner Grenouille-Figur einen Gegenpol, der sich akzentuierter kaum denken lässt. Seine Epochengestalt entstammt der Gosse, trägt alle Züge seelischer und moralischer Verwahrlosung, ist asozial, verhöhnt alles, was nach menschlicher Bildung und nach Tugenden riecht und mordet fünfundzwanzig Jungfrauen ohne jedes Schuldbewusstsein. Aber nicht nur in Grenouilles Lebensgeschichte spiegelt sich unverkennbar der, wie der Kritiker Wolfram Schütte formuliert, „dunkle Schatten der Aufklärung". Auch die anderen Romanfiguren werfen in ihren Handlungsweisen und Einstellungen wenig Licht auf diese Epoche.

Zerrbild des Vernunftzeitalters

Grenouille als Gegenpol zur Vernunft

Am Beispiel des Pariser Parfumeurs Baldini führt Süskind in parodistischer Weise eine Auseinandersetzung mit den Ideen der neuen Zeit. Baldinis drohende Existenzkrise durch die Konkurrenz des parfümistischen Emporkömmlings Pélissier treibt ihn zunächst zur Abrechnung mit dessen unkonventioneller Produktionsweise: Aufgebracht wehrt sich Baldini gegen Pélissiers Strategie, sich in seinen Duftkreationen am Publikumsgeschmack zu orientieren und den Markt zu bestimmen, während Baldini nichts anderes übrig bleibt, als mit seiner Vorratshaltung und seiner Produktpalette den Moden hinterherzuhinken. Zu alt, abgestumpft und träge, die Konkurrenz mit dem bedeutend jüngeren Pélissier aufzunehmen, wünscht

Baldini als Gegner der Aufklärung

sich Baldini drastische Sanktionen wie die Entziehung des Patents oder gar „ein saftiges Berufsverbot" (S. 69) für den unliebsamen Duftmischer. Alles Unglück der neuen Zeit rühre nur daher, so erklärt sich Baldini die Missstände, dass die Menschen „aufwieglerische Bücher von Hugenotten oder Engländern" (S. 73) läsen, in denen alles in Frage gestellt werde. Wenn sich Baldini schließlich gegen die Erkenntnisse der Naturwissenschaften, der Medizin, der Pädagogik wendet, versteckt Süskind in Baldinis Tiraden auch konkrete Anspielungen auf die aufklärerischen Schriften der Zeit. So stellt Baldini bedauernd fest: „Die Wilden sind Menschen wie wir; unsere Kinder erziehen wir falsch" (S. 74) und rührt damit an die epochemachenden Gedanken Rousseaus. Auch auf die zur Zeit der Aufklärung fortschreitende Säkularisierung hebt er ab, wenn Baldini sich über die freche Mode empört, die „Autorität von Gottes Kirche" in Zweifel zu ziehen, oder darüber klagt, die Priester hockten heutzutage schon in Kaffeehäusern (vgl. S. 74 f.).

Baldini beschwört im Gewande des zukurzgekommenen Spießers die Werte und Ordnungsmuster einer guten alten Zeit. Ein diffuses Gemisch aus persönlichen Ängsten, Vorurteilen und Unverständnis macht ihm alles Neue oder Moderne zum Kennzeichen eines „Jahrhunderts der Auflösung [. . .], der Zersetzung, des geistigen und politischen und religiösen Sumpfes" (vgl. S. 76).

Die rückwärtsgewandte Aufklärungskritik Baldinis erfährt durch den Auftritt Grenouilles eine Wende und entlarvt sich selbst. Ermahnt er anfangs seinen Lehrling in grotesker Verkennung von Grenouilles wirklichen Absichten an „die Tugend der Bescheidenheit" als „unabdingbare Voraussetzung für dein späteres Fortkommen als Mitglied deiner Zunft und deines Standes, als Ehemann, als Untertan, als Mensch und als ein guter Christ" (S. 100), so zeigt der Schluss der Szene das wahre Gesicht des sein altes beschauliches Handwerk beschwörenden Baldini. Vergessen scheinen die Klagen über die parfümistischen „Duftinflationäre" (vgl. S. 69), über „Großmannssucht im

Handel" (S. 72), über den „Geschwindigkeits-
wahn" (S. 72) und die Ausdehnung der Märkte,
weggewischt auch die Mahnungen zur Bescheidenheit angesichts der Möglichkeiten, die sich
ihm mit Grenouilles Hilfe eröffnen. Ein rasanter
Aufstieg macht ihn innerhalb weniger Jahre „zum
unumstritten größten Parfumeur Europas" (S.
138 f.), dessen letzter verblendeter Traum noch darin besteht, sein Absatzgebiet in die französischen
Überseekolonien auszudehnen. Aus den Unter-
gangsvisionen eines Zeitalters werden Weltmarkt-
visionen eines kapitalistischen Parfumeurs, die
belegen, wie sehr sich Einstellungen zu Zeitströ-
mungen wandeln, wenn sie mit finanziellem Ge-
winn verbunden sind.

**Baldini als
Kapitalist**

Karikiert Süskind in der Figur des bürgerlichen
Parfumeurs Baldini einen rückwärtsgewandten
Kritiker der Aufklärung, so führt er mit der Figur
des Marquis de la Taillade-Espinasse einen wissenschaftlichen Vertreter der Aufklärungsepoche
ein, der kaum weniger karikaturistische Züge
trägt. Dass die Wissenschaftsmethode und Experimente dieses angesehenen Adligen aus Montpellier auch ein Stück des zeitgenössischen Erkennt-
nis- und Forschungsstandes widerspiegeln, zeigt,
wie nahe sich aus heutiger Sicht Wissenschaftssatire und tatsächliche Wissenschaftsgeschichte im
18. Jahrhundert kommen. Die „letale Erdfluidum-
theorie" (S. 181) des Marquis, mit der er am
Beispiel Grenouilles die „Zusammenhänge zwischen Erdnähe und Vitalkraft" (S. 178) zu bestätigen glaubt, entstammt wissenschaftlichen Ab-
handlungen über die Wirkungen der Erdausdüns-
tungen. 1754 liest man in wissenschaftlichen
Arbeiten, dass der „Erdoberfläche ein mehr oder
weniger reichlicher Dunst" (vgl. Corbin, S. 35)
entströme, dessen krankmachende Wirkung mit
zahlreichen Beispielen belegt wird. Noch 1786
warnen Forscher vor den Gefahren, „die dem Bau-
ern drohen, wenn er sich bückt und sich zu nahe
über den Boden neigt, den er gerade bearbeitet",
oder fordern gar dazu auf, die Landarbeiter daran
zu hindern, „mit dem Gesicht gegen die Scholle zu
schlafen" (vgl. Corbin, S. 36).

**Marquis als
aufgeklärter
Wissenschaftler**

**Wissenschaftsge-
schichte als Wis-
senschaftssatire**

Die wissenschaftsgeschichtlichen Spuren dieser Aufklärungssatire sind allerdings nur ein Nebenaspekt der Episode. Entscheidender ist, dass Süskind am Beispiel des Marquis erstmals das Phänomen der Massenbeeinflussung thematisiert, das in der folgenden Romanhandlung eine Schlüsselrolle einnimmt. Was der vermeintlich aufgeklärte Wissenschaftler als Ergebnis objektiver Forschung ausgibt und was er an seinem Demonstrationsobjekt Grenouille zu belegen glaubt, ist in Wahrheit ein lächerlicher Selbstbetrug, dem er ebenso wie das „gelehrte Volk von Montpellier, der bedeutendsten Universitätsstadt des französischen Südens" (S. 204) erliegt. Im Aufstieg des Marquis zum charismatischen Heilslehrer und in der Verbreitung seiner obskuren Ideen spiegeln sich die Mechanismen moderner Verführungsstrategien.

Sein Plan einer „Tournee durch das ganze Königreich" (S. 206), sein größenwahnsinniger Beschluss, von Paris aus „die ganze zivilisierte Welt für seine Lehre zu erobern" (S. 206), sein abstruser Selbstversuch einer Verjüngungsexpedition auf den Pic du Canigou „zur propagandistischen Unterstützung seines Feldzugs" (S. 206), all dies weist auch in der Wahl der sprachlichen Mittel und Bilder darauf hin, dass der gescheiterte Aufklärer und seine Anhänger nur lächerliche Vorboten eines viel gewaltigeren Scheiterns der Aufklärung in unserem Jahrhundert sind.

Betrachtet man die Experimente des Marquis aus der Perspektive seines Versuchsobjekts Grenouille, so verbirgt sich hinter dessen Verwandlung vom Höhlenmenschen zum „ganz passablen Menschen" (vgl. S. 184), zum „Monsieur" (S. 184), zum wahrhaft „zivilisierten, wohlgestalteten Menschen" (vgl. S. 202) der parodistische Gegenentwurf zum Menschenbild der Aufklärungsphilosophie. Die „Erziehung des Menschengeschlechts", so der Titel einer Schrift des Aufklärers Lessing, verkümmert zum gesellschaftsfähigen Make-up. Ein bisschen „Entseuchungs- und Revitalisierungskur" (S. 183) und „die nötigsten Posen, Gesten und Tanzschritte" (S. 186) und schon hält die Gesellschaft Montpelliers Grenouille für einen der ihren. Die Fassade, die Äußerlichkeitsattribute, das Blendwerk treten an die Stelle des Bildungserlebnisses, das im klassischen Entwicklungsroman den Aufenthalt des Bürgers am adligen Hofe auszeichnet.

Parabel der Verführung

Mit den ersten Szenarien der Massenverführung wird Jean-Baptiste Grenouille bereits an jenem denkwürdigen, für seine weitere Entwicklung entscheidenden Tag konfrontiert, an dem ihn der Duft seines ersten Opfers, des Mädchens aus der Rue des Marais, überwältigt. Eine „vieltausendköpfige Menge" (S. 49) hat sich an den Quais und auf den Brücken versammelt, um am Jahrestag der Thronbesteigung des Königs einem zwar nicht „legendären", aber dennoch „beeindruckenden" (vgl. S. 49) Feuerwerk zuzuschauen. So marginal die Beschreibung dieses Feuerwerks auch zu sein scheint, so eröffnet sie doch die Thematik der Verführung und lässt in ihrer Inszenierung schon die typischen Strukturen der später folgenden Massenszenen erkennen: „Sonnenräder", „Feuerstiere", „Sternenregen", „Petarden", „Knallfrösche" und in den schwarzen Himmel gemalte „weiße Lilien" (S. 49) bilden ein sinnliches Ensemble, das die Emotionen der versammelten Menschen unmittelbar anspricht und sie zu begeisterten Ovationen treibt. Hinter diesen Eindrücken wird verdrängt, dass der Urheber dieses Spektakels ein eigentlich nicht mehr beliebter Monarch ist, das Szenario der Massenverführung hat sich somit verselbstständigt. Einzig der Außenseiter Grenouille, der der Suggestion der optischen und akustischen Reize nicht verfällt, kann sich der Masse entziehen und hinter ihrem Rücken, von niemandem beobachtet oder verfolgt, einen Mord begehen. Wenngleich Grenouille die bei diesem Spektakel ablaufenden massenpsychologischen Prozesse auch noch nicht durchschauen kann, so macht er hier doch zum ersten Mal die Erfahrung, wie beschränkt und wahnhaft eine emotional aufgebrachte Masse sein kann.

Verführter Verführer

Die bereits früh eingeführte Thematik der Massenverführung wird mit Grenouilles Aufenthalt beim Marquis de la Taillade-Espinasse in Montpellier wieder aufgenommen und erweitert. Jetzt jedoch beschränkt sich Grenouille nicht mehr auf die Rolle des Zuschauers am Rande, er entwickelt sich vielmehr vom Objekt eines manipulativen Spiels zum selbstbewussten Subjekt massensuggestiver Inszenierungen. Mit einem weißen Rüschenhemd, mit Rock, Hose und Weste aus blauem Samt, mit Seidenstrümpfen und Schnallenschuhen ausgestattet (vgl. S. 183 ff.), erlebt er die Bedeutung der äußeren Aufmachung. Aber erst nachdem er sich einen künstlichen Menschenduft, einen „Hexensud" (S. 193) aus Geruchssubstanzen wie „Katzendreck", „Käse" und „Schweineschwarte" (vgl. S. 192) zusammengemischt hat, übernimmt er selbst das Gesetz des Handelns und erwirbt zum ersten Mal ein „Bewußtsein der eigenen Macht" (S. 198). Mit seiner künstlichen Aura versehen, begibt er sich in die Menge einer Hochzeitsgesellschaft, stimmt in ihren Jubel ein und verführt sie dazu, ihn als ihresgleichen anzunehmen. Nun erlebt Grenouille „einen schwarzen Jubel, ein böses Triumphgefühl", einen Rausch „wie einen Anfall von Geilheit" (vgl. S. 197) und beginnt die Menschenmenge in ihrer Dummheit, ihrer Leichtgläubigkeit zu hassen. Damit vollzieht

Grenouille als Demagoge

sich der Übergang Grenouilles vom parfümistischen Genie zum Demagogen. Die Fantasien, die sich bisher nur in Grenouilles innerer Welt entwickelten, erscheinen ihm angesichts der Erfahrungen seines ersten Menschenduftexperiments jetzt realisierbar: „Er wollte der omnipotente Gott des Duftes sein, so wie er es in seiner Fantasie gewesen war, aber nun in der wirklichen Welt und über wirkliche Menschen." (S. 198) Waren seine früheren Schöpfervisionen vom „größten Parfumeur aller Zeiten" (S. 58) noch Selbstzweck, so erhalten sie jetzt ein Ziel. Mit der Gewissheit Grenouilles, dass „wer die Gerüche beherrschte", auch „die Herzen der Menschen" (S. 199) beherrsche, gewinnt der Roman eine neue Dimension: An die Aufklärungssatire schließt sich nun die politische Parabel der Massenverführung an.

Bei der Vorführung des vom letalen Erdfluidum gereinigten „Demonstranten" (S. 202) übernimmt der Marquis nunmehr allenfalls die Rolle eines Moderators, die eigentliche Regie hat sich jetzt Grenouille vorbehalten. Zwar sichern ihm sein vornehmes Aussehen, seine „zierlichen Schritte" und sein „eleganter Hüftschwung" (vgl. S. 202) wohlwollende Aufmerksamkeit und Bewunderung, für die überwältigende Wirkung auf die Masse des Publikums ist jedoch seine künstlich geschaffene Duftaura verantwortlich. War er in der Menge der Hochzeitsgäste noch einer unter vielen, so beherrscht er nun die Gefühle der Menschen auf suggestive Weise. Unter dem Einfluss seiner Aura verwandelt sich die Menschenmenge, als nehme sie an einem „Wunder" (S. 202) teil: Die Männer eifern dem Vorbild des Marquis nach und schlagen „die Augen gen Himmel", die Frauen weinen (vgl. S. 203), die kritischsten Geister setzten „ein kindlich gelöstes Gesicht" (S. 203) auf, die ängstlichen Skeptiker zeigen „Anflüge von Freundlichkeit, ja Sympathie" (S. 203). In auffälliger Parallelität zur Begeisterung der Menge beim Feuerwerk, das „Ahs", „Ohs", „Bravos" und „Vivats" (S. 49) auslöste, bricht das nun von Grenouille beherrschte Publikum in „frenetischen Jubel" (S. 204) aus. Grenouilles gelungene Inszenierung einer Massenverführung wird zwar in wahnhafter Verkennung der wirklichen Ursachen noch dem Manipulator Marquis de la Taillade-Espinasse zugeschrieben, doch bezieht Grenouille aus dieser Generalprobe das nötige Selbstvertrauen für seinen großen Auftritt in Grasse.

Wie sich hier der verhasste Mörder Grenouille mit einer theatralischen Inszenierung zum geliebten Führer der Massen wandelt, kann geradezu als Lehrstück der Massenpsychologie gelten. Bereits die Vorbereitungen der Hinrichtung entlarven die Grasser Bürger gleichermaßen als sensationslüstern wie statusorientiert und dem Kommerz verschrieben: Tage zuvor herrscht Aufregung wie vor

Massensuggestion durch Duftaura

Beifall der Menge

Hinrichtung und Kommerz

einem „hohen Festtag" (S. 293), ein Schafott wird errichtet und – man hat auch in der Menge noch einen Rest von Differenzierungsbedürfnis – eine Honoratiorentribüne mit Abschirmung gegen das Volk. Kommerzieller Rummel entsteht, Zimmer mit Blick auf das Schafott werden zu Wucherpreisen vermietet, fliegende Händler, Limonadenverkäufer strömen herbei, Gedenkplätzchen werden gebacken, zur Repräsentation wird bürgerlicher Putz hervorgeholt. Die herbeiströmende Menge von zehntausend Menschen trägt alle Züge dessen,

„Hetzmasse"
in Grasse

was Elias Canetti in seiner Schrift „Masse und Macht" als „Hetzmasse" bezeichnet. Sie will eine Hinrichtung sehen, denn „die Konzentration aufs Töten ist eine besonderer Art und an Intensität durch keine andere zu übertreffen" (vgl. Canetti, S. 49). Viel zu groß sei die Überlegenheit der Masse, so führt Canetti weiter aus, als dass sie vor der Tötung Angst haben müsse. So sei „ein gefahrloser, erlaubter, empfohlener und mit vielen anderen geteilter Mord [...] für den weitaus größten Teil der Menschen unwiderstehlich" (vgl. Canetti, S. 50). Da eigentlich jeder, so Canetti, die tödlichen Schläge gerne selbst ausführen möchte, lastet auf dem Scharfrichter Papon, dem „Delegierten der Gesellschaft" (vgl. Canetti, S. 51), ein so ungeheurer Vollzugsdruck, dass er sich sogar zu Übungszwecken in den Schlachthof zurückzieht. Sein Auftritt im Kreise seiner Gehilfen bringt den ersten Beifall der Menge.

Auftritt des
Verführers

Wenn Grenouille schließlich in der zweispännigen Karosse des „Polizeilieutenants" (S. 298) auf den Hinrichtungsplatz fährt, gemahnt alles an den theatralisch inszenierten Auftritt eines Herrschers: Inmitten der Menschenmassen ist eine schmale Gasse freigehalten, Reiter und livrierte Diener begleiten das Gespann, Lakaien springen ab, öffnen den Schlag und klappen das Treppchen herunter (vgl. S. 298 f.). Grenouille steigt aus in seiner schon in Montpellier erprobten Galakleidung und präsentiert sich der Masse. Mit der nun folgenden dreimaligen Nennung des Begriffs „Wunder" (S. 299) verknüpft Süskind die Grasser Massenszene mit dem vorangegangenen massensuggestiven

„Wunder" (S. 202) in Montpellier und übertrifft sie bei weitem: Die Menge, verführt durch Grenouilles Geruchsaura, wird schwach, empfindet Zärtlichkeit, ja Liebe „zu dem kleinen Mördermann" (S. 300), verfällt in überschwängliche Gefühle, in sexuelle Triebempfindungen ebenso wie in religiöses Entzücken. Das von der Honoratiorentribüne getrennte Volk schließlich geht über zu „nackter Begehrlichkeit" (S. 302) und verfällt in eine Massenkopulation epochalen Ausmaßes. Eine ins Fantastische gesteigerte Entgrenzung des Einzelnen in der Masse, eine Befreiung des Einzelnen von seiner Berührungsangst wird geschildert, ganz wie sie Elias Canetti als Massenphänomen beschreibt. Im Idealfalle habe die Masse eine gleichmachende Funktion, so Canetti: „Keine Verschiedenheit zählt, nicht einmal die der Geschlechter. Wer immer einen bedrängt, ist das gleiche wie man selbst. Man spürt ihn, wie man sich selber spürt. Es geht dann alles plötzlich wie *innerhalb eines Körpers* vor sich" (vgl. Canetti, S. 10).

Triebdurchbruch des Volks

Dass diese Schilderung einer Massenverführung alle Züge einer politischen Parabel trägt und als Anspielung auf die jüngere deutsche Zeitgeschichte gelesen werden kann, haben bereits einige der Rezensenten kurz nach Erscheinen des Romans hervorgehoben.

Politische Parabel

Eine solche Deutung des Grasser Spektakels als politische Parabel der Massenverführung legt schließlich Süskind selbst mit zahlreichen Textsignalen nahe. Was der französische Psychologe Gustave Le Bon 1895 in seinem auch von Hitler gelesenen Werk „Psychologie der Massen" über Führerpersönlichkeiten schreibt, trifft gleichermaßen auf Grenouille wie auf einen Mann wie Hitler zu: „Meistens sind die Führer keine Denker, sondern Männer der Tat. Sie haben wenig Scharfblick und könnten auch nicht anders sein, da der Scharfblick im allgemeinen zu Zweifel und Untätigkeit führt. Man findet sie namentlich unter den Nervösen, Reizbaren, Halbverrückten, die sich an der Grenze des Irreseins befinden. [...] Verachtung und Verfolgung stört sie nicht oder erregt sie nur noch mehr. Persönliches Interesse, Familie, al-

Führerbild Le Bons

les wird geopfert. [...] Die Stärke ihres Glaubens verleiht ihren Worten eine große suggestive Macht. Die Menge hört immer auf den Menschen, der über einen starken Willen verfügt. Die in der Masse vereinigten einzelnen verlieren allen Willen und wenden sich instinktiv dem zu, der ihn besitzt" (vgl. Le Bon, zit. nach Beer/Naujokat, S. 11).

**Grenouilles
Nähe zu Hitler**

Wie Hitler ist auch Grenouille von einfachster Herkunft, rankt sich auch um ihn der Mythos vom Augenblick der Berufung, ist er von seiner eigenen Genialität überzeugt und glaubt sich zum Weltveränderer geschaffen. Besonders deutlich werden diese Bezüge unmittelbar nach dem ersten Mädchenmord, wenn der Erzähler, den Gedanken Grenouilles unmittelbar folgend, in die Formulierungsweise Hitlers und seines Umkreises verfällt. Grenouilles Vorsatz, „der größte Parfumeur aller Zeiten" (S. 58) zu werden, gemahnt an die Formulierung „der größte Feldherr aller Zeiten", mit der der Oberkommandeur der Wehrmacht, Wilhelm Keitel, den gegen Frankreich siegreichen Hitler preist und die in der ironischen Abkürzung „Gröfaz" später populär wurde. Die an den „größten Parfumeur aller Zeiten" anschließenden Schilderungen verbleiben dementsprechend im Metaphernbereich des Krieges und übernehmen typische Ausdrucksklischees aus Hitlers Reden: „Noch in derselben Nacht inspizierte er, wachend erst und dann im Traum, das riesige Trümmerfeld seiner Erinnerung. Er prüfte die Millionen und Abermillionen von Duftbauklötzen und brachte sie in eine systematische Ordnung: Gutes zu Gutem, Schlechtes zu Schlechtem" (S. 58). So wird mit Grenouilles Massensuggestion in Grasse ein Verweis auf die großen Massenverführungen in unserem Jahrhundert angelegt. Wenn das Grasser Volk, enthemmt durch Grenouilles „angemaßte Aura", durch seine „Duftmaske" (S. 306), in einen kollektiven Sinnenrausch verfällt und sich gegen jede Sitte und Vernunft verhält, so spielt Süskind

**Scheitern der Auf-
klärung**

damit nicht nur auf das Scheitern der Aufklärungsideen zur Zeit Grenouilles, sondern auch in unserer Epoche an. Die Rede vom vernunftbegabten Subjekt wird in Frage gestellt.

Wenn sich schließlich Grenouilles künstliche Aura verzogen hat und das Subjekt der Anbetung verschwunden ist, beginnt ein kollektiver Verdrängungsprozess. Möglichst unauffällig machen sich die Bürger von Grasse davon, die beschämenden Ereignisse werden aus der Erinnerung gelöscht, Gespräche darüber vermieden. Mit der knappen Schilderung der kollektiven Verdrängungsstrategie in Grasse spielt Süskind somit recht deutlich auf die Abwehrmechanismen an, mit denen eine Bewältigung der Nazivergangenheit im Nachkriegsdeutschland umgangen wurde. Dass schnell ein Sündenbock gesucht, in der Gestalt des unschuldigen Dominique Druot gefunden und ohne weiteres Aufsehen hingerichtet wird, fügt sich bruchlos in die Strategie der Verleugnung.

4. Die Erzählweise

Das Profil des Erzählers

In ganz traditioneller Manier kündigt der Erzähler zu Beginn des Romans seinem Leser an, wovon er zu berichten beabsichtigt. Er lokalisiert seine Geschichte zunächst im Frankreich des achtzehnten Jahrhunderts und charakterisiert sie als Lebensgeschichte eines auch im Kontext seiner Zeit ganz außergewöhnlichen Mannes namens Jean-Baptiste Grenouille. Indem er ihn zu den „genialsten und abscheulichsten Gestalten" (S. 5) seiner Epoche zählt, verspricht er dem Leser außergewöhnliche Ereignisse und einiges an Spannung. Wenn der Name des Helden heute vergessen sei, so fängt der Erzähler mögliche Zweifel des Lesers auf, so nicht, weil er seinen berühmteren Zeitgenossen an Abscheulichkeit nachgestanden hätte, sondern weil sein Genie sich „auf das flüchtige Reich der Gerüche" (S. 5) bezogen habe. Ein solcher Romananfang, bei dem zwischen dem fiktiven Romangeschehen und dem Leser ein den Erzählvorgang steuernder und kommentierender Erzähler sich ins Bewusstsein ruft, deutet auf eine auktoriale Erzählsituation hin. Und schon in diesem ersten Einleitungsabschnitt verrät der Erzähler etwas über sein Profil: Er ist offensichtlich ein

historisch gebildeter Mann, der Namen wie de Sade, Saint-Just, Fouché und Bonaparte beiläufig einstreut, aus zeitlicher Distanz und Übersicht heraus schreibt, über seinen Stoff souverän disponiert und, dies lassen Formulierungen wie „dieser an genialen und abscheulichen Gestalten nicht armen Epoche" (S. 5) bereits erkennen, zu pointierten Formulierungen und feiner Ironie fähig ist.

Anders als beispielsweise bei Jean-Paul oder E.T.A. Hoffmann macht der auktoriale Erzähler bei Süskind von den zahllosen Möglichkeiten, selbst eine beschreibbare Gestalt anzunehmen und sich in das Romangeschehen als konturierte Person einzumischen, nur wenig Gebrauch. Die beliebte Technik, den Leser persönlich anzureden, zu Stellungnahmen aufzufordern und damit in die Handlung einzubinden, oder eine der handelnden Figuren persönlich anzusprechen, sucht man bei Süskind fast vergebens. Lediglich an einer Stelle scheint es so, als rede der Erzähler auf seine Hauptfigur beruhigend ein: „Aber ruhig, Jean-Baptiste! Ruhig, Lieber! Man kommt ja, man bringt, was du begehrst. Schon fliegen die Diener herbei." (S. 164) Als Rede des Erzählers ist diese Textpassage jedoch nur schwach bestimmt, so dass sie auch als Selbstgespräch des in seiner Höhle dahinfantasierenden Grenouille deutbar wäre. Auch intentionale Einmischungen des Erzählers, Reflexionen über die eigene Erzählweise, sind rar und meist formelhaft verkürzt. Sie vermeiden das erzählerische „ich" und weichen entweder ins Passiv aus: „Seine Geschichte soll hier erzählt werden" (S. 5), oder sie sind in der etwas betulicheren „wir"-Form gehalten: „Zu der Zeit, von der wir reden" (S. 5). Die Aufmerksamkeit des Lesers wird jedoch dann gelegentlich auf den Erzählvorgang gelenkt, wenn der Erzähler, dem absonderlichen Wahrnehmungs- und Ausdrucksvermögen Grenouilles Rechnung tragend, seinen Erzählstil korrigiert: „Für einen Moment war er so verwirrt, daß er tatsächlich dachte, er habe in seinem Leben noch nie etwas so Schönes gesehen wie dieses Mädchen. [. . .] Er meinte natürlich, er habe noch nie etwas so Schönes gerochen." (S. 54) Oder wenn der Erzähler sich hat hinreißen lassen, die Rede des eigentlich nur zu einem Stammeln fähigen Grenouille in allzu blumigen Worten wiederzugeben, misst er sich nachträglich die Rolle des Übersetzers zu: „Was wir hier der Verständlichkeit halber in ordentlicher indirekter Rede wiedergeben, war in Wirklichkeit ein halbstündiger, von vielen Hustern und Keuchern und Atemnöten unterbrochener blubbernder Wortausbruch, den Grenouille mit Gezittre und Gefuchtle und Augenrollen untermalte." (S. 188)

Ein stärkeres Profil bekommt der Erzähler allerdings dann, wenn er seinen Erzählfluss durch ausgiebig schildernde Passagen oder das Verhalten

Intentionale Einmischungen

und die Befindlichkeit der Personen erklärende Reflexionen bereichert. Bereits auf der ersten Seite macht der Erzähler deutlich, dass er nicht etwa dem dumpfen Denken der beschriebenen Zeit verhaftet, sondern ein aus heutiger Sicht schreibender Zeitgenosse ist. Zur Zeit Grenouilles, so führt er aus, „herrschte in den Städten ein für uns moderne Menschen kaum vorstellbarer Gestank" (S. 5). Auch später weist sich der Erzähler gelegentlich als ein in unserer modernen Wissenschaftswelt verhafteter Chronist aus: „Bei Substanzen, denen dieses ätherische Öl abging, war das Verfahren der Destillation natürlich völlig sinnlos. Uns heutigen Menschen, die wir physikalisch ausgebildet sind, leuchtet das sofort ein." (S. 129) Dieses „natürlich" durchzieht den gesamten Roman als aus heutiger Sicht wertendes Partikel und weist den Erzähler als umfassend gebildet, wissenschaftlich geschult und methodisch denkend aus. Schon zu Beginn zeigt dieser Erzähler in breit angelegten Schilderungen sein historisches, auf Sitten und Gebräuche des Alltags bezogenes Detailwissen. In rhetorisch strukturierten Exkursen entfaltet er die Geruchstopografie von Paris, schildert die Geschichte des Cimetière des Innocents und verleiht den alten Schauplätzen eine sinnliche Präsenz, die den Leser unmittelbar ins Geschehen hineinzieht.

Mit kenntnisreichen Kommentaren und philosophischen wie psychologischen Reflexionen mischt sich der Erzähler mit Vorliebe dann ein, wenn Aspekte der Duftgewinnung oder Duftwirkung angesprochen werden oder es die Gefühle der Figuren zu kommentieren gilt. So nutzt der Erzähler einen der Spannungshöhepunkte, den Moment, wo Grenouille, noch ehe es Baldini überhaupt fassen kann, das Parfum „Amor und Psyche" zusammengemischt hat, zu einem pathetischen Exkurs: „Es gibt eine Überzeugungskraft des Duftes, die stärker ist als Worte, Augenschein, Gefühl und Wille. Die Überzeugungskraft des Duftes ist nicht abzuwehren, sie geht in uns hinein wie die Atemluft in unsere Lungen, sie erfüllt uns, füllt uns vollkommen aus, es gibt kein Mittel gegen sie."

Erzähler aus heutiger Sicht

Historisches Einfühlungsvermögen

Reflexion über Düfte

(S. 107 f.) Wenig später springt der Erzähler dem ziemlich naiv herumexperimentierenden Grenouille entschuldigend zur Seite, indem er seine Machenschaften aus heutiger Sicht wissenschaftsgeschichtlich einordnet: „Er wußte ja nicht, daß die Destillation nichts anderes war als ein Verfahren zur Trennung gemischter Substanzen in ihre flüchtigen und weniger flüchtigen Einzelteile und daß sie für die Parfumerie nur insofern von Nutzen war, als sie das flüchtige ätherische Öl gewisser Pflanzen von ihren duftlosen oder duftarmen Resten absondern konnte." (S. 129) Als tiefenpsychologisch gebildet erweist sich der Erzähler, wenn er die Seelenzustände seiner Figuren kommentiert wie beispielsweise die plötzliche Beklommenheit des rothaarigen Mädchens in der Rue des Marais, während sich ihr Mörder von hinten anschleicht: „Aber sie bekam ein banges Gefühl, ein sonderbares Frösteln, wie man es bekommt, wenn einen plötzlich eine alte abgelegte Angst befällt." (S. 55 f.) Noch ungleich detaillierter analysiert der Erzähler jene Angst, die Grenouille befällt, als er seiner eigenen Geruchlosigkeit auf die Spur kommt: „Es war nicht dieselbe Angst, die er im Traum empfunden hatte, diese gräßliche Angst des An-sich-selbst-Erstickens, die es um jeden Preis abzuschütteln galt und der er hatte entfliehen können. Was er jetzt empfand, war die Angst, über sich selbst nicht Bescheid zu wissen. Sie war jener Angst entgegengesetzt. [...] Aber er war mutig. Das heißt, er bekämpfte mit der Angst, nicht zu wissen, die Angst vor dem Wissen, und es gelang ihm, weil er wußte, daß er keine Wahl hatte." (S. 175)

Psychologische Kommentierungen

Dieser auktoriale Erzähler, so belegen die wenigen Beispiele, meidet das schrille Spiel mit unterschiedlichen Perspektiven und Erzählebenen, die ironische Infragestellung seiner eigenen Erzählweise oder die fiktive Kommunikation mit Figuren und Leser. Insofern ist er als Vermittler des fiktiven Geschehens nur sehr verhalten präsent. Wo er sich einmischt, angefangen mit Partikeln wie „natürlich" bis hin zu reflexiven Exkursen, profiliert er sich aber als in allen Sachfragen bewanderter,

Der allwissende Erzähler

souverän über sein Wissen disponierender Zeitgenosse des Lesers. Er kann als das gelten, was man in der Erzählforschung als „allwissenden" Erzähler bezeichnet.

Die Darstellung der Innensicht

Mögliche Präsentationsweisen

Seiner Allwissenheit entsprechend überschaut der auktoriale Erzähler nicht nur alle Aspekte der Handlung, kann vorausdeuten und zurückblenden, kennt alle topografischen Details der Schauplätze, die Aktionen seiner Personen, vielmehr kann er auch ins Innere der Figuren schauen, ihre Gedanken und Ziele, ihre Befürchtungen und Ängste wiedergeben. Dabei stehen ihm ganz unterschiedliche Präsentationsweisen zur Verfügung. Zum einen kann er die Innensicht aller Figuren, ihre Gedanken und Gefühle, in seiner eigenen Sprache wiedergeben, sie dabei zusammenfassen, interpretieren und einordnen. So nimmt er die Gedanken und Gefühle der jeweiligen Figur in seinen eigenen Erzählduktus auf und wahrt eine gewisse erzählerische Distanz. Zum andern kann er in Form einer direkten Rede, einer erlebten Rede oder eines inneren Monologs die Figuren selbst sprechen lassen und sie dem Leser damit in ihrer eigenen Denk- und Redeweise unmittelbar nahe bringen.

Sprachlosigkeit der Hauptfigur

Eine direkte Wiedergabe von Grenouilles Gedanken und Gefühlen in dessen eigener Ausdrucksweise stellt den Erzähler jedoch vor einige Schwierigkeiten. Denn Grenouilles retardierte sprachliche Entwicklung, seine Unfähigkeit, mit abstrakten Begriffen „ethischer und moralischer Natur" (S. 33) umzugehen, sein außerhalb des Olfaktorischen kaum entwickeltes Denkvermögen und sein stockender Redefluss eignen sich nur wenig für eine wörtliche Vermittlung innerer sprachlicher Vorgänge. So berichtet der Erzähler über

Erzählerberichte

Grenouilles Gefühle und Gedanken mit Vorliebe in seiner eigenen Diktion und schafft sich damit die Möglichkeit, selbst ordnend einzugreifen. Als

Beispiel sei jene Passage zitiert, in der Grenouille, nach seinem ersten Mädchenmord in einen nie gekannten Glückszustand versetzt, sich seiner neuen Erfahrungen vergewissert:

> In dieser Nacht erschien ihm sein Verschlag wie ein Palast und seine Bretterpritsche wie ein Himmelbett. Was Glück sei, hatte er in seinem Leben bisher nicht erfahren. Er kannte allenfalls sehr
> 5 seltene Zustände von dumpfer Zufriedenheit. Jetzt aber zitterte er vor Glück und konnte vor lauter Glückseligkeit nicht schlafen. Ihm war, als würde er zum zweiten Mal geboren, nein, nicht zum zweiten, zum ersten Mal, denn bisher hatte er bloß ani-
> 10 malisch existiert in höchst nebulöser Kenntnis seiner selbst. Mit dem heutigen Tag aber schien ihm, als wisse er endlich, wer er wirklich sei: nämlich nichts anderes als ein Genie; (S. 57)

Mit Wendungen wie „erschien ihm" (Z. 1), „Ihm war" (Z. 7) und „schien ihm" (Z. 11) wird deutlich signalisiert, dass der Erzähler nun die innere Befindlichkeit seiner Hauptfigur zur Sprache bringt. Schon im ersten Satz wird aber durch die Vergleiche „wie ein Palast" (Z. 1 f.) und „wie ein Himmelbett" (Z. 2 f.) der narrative Duktus des Erzählers fortgeführt. Er fasst rückblickend zusammen (vgl. Z. 3 f.), ergänzt die Bemerkungen über die Befindlichkeit seines Helden durch interpretierende Zusätze wie „vor lauter Glückseligkeit" (Z. 6 f.) und gibt seinem Gedankenbericht durch die Klimax „nein, nicht zum zweiten, zum ersten Mal" (Z. 8 f.) auch eine rhetorische Struktur. Hier kleidet der Erzähler die Innensicht in seinen eigenen Stil, kommentiert die Gefühlsregungen seiner Hauptfigur und fasst ihre Gedanken zusammen.

Um den Leser näher an die inneren Vorgänge Grenouilles heranzuführen, bedient sich Süskind aber auch häufig einer Mischung aus Erzählerbericht und erlebter Rede, wobei beide Darstellungsweisen oft kaum scharf zu trennen sind. Dies sei an einer Textpassage verdeutlicht, in der Grenouille über die Bedingungen nachdenkt, die sein Meister Baldini an die Beendigung der Lehrzeit und die Ausstellung eines Gesellenbriefs knüpft:

Übergänge zur erlebten Rede

Grenouille, der weder eine Ehre hatte noch an
Heilige oder gar an die arme Seele seiner Mutter
glaubte, schwor. Er hätte alles geschworen. Er
hätte jede Bedingung Baldinis akzeptiert, denn er
5   wollte diesen lächerlichen Gesellenbrief haben,
der es ihm ermöglichte, unauffällig zu leben und
unbehelligt zu reisen und Anstellung zu finden.
Das andere war ihm gleichgültig. Was waren das
auch schon für Bedingungen! Paris nicht mehr
10   betreten? Wozu brauchte er Paris! Er kannte es ja
bis in den letzten stinkenden Winkel, er führte es
mit sich, wohin immer er ging, er besaß Paris, seit
Jahren. – Keinen von Baldinis Erfolgsdüften her-
stellen, keine Formeln weitergeben? Als ob er nicht
15   tausend andere erfinden könnte, ebenso gute und
bessere, wenn er nur wollte! Aber er wollte ja gar
nicht. Er hatte ja gar nicht vor, in Konkurrenz zu
Baldini oder zu irgendeinem anderen der bürgerlichen Parfumeure zu treten. Er war nicht darauf
20   aus, mit seiner Kunst das große Geld zu machen,
nicht einmal leben wollte er von ihr, wenn's anders
möglich war zu leben. Er wollte seines Innern sich
entäußern, nichts anderes, seines Innern, das er
für wunderbarer hielt als alles, was die äußre Welt
25   zu bieten hatte. Und deshalb waren Baldinis Bedingungen für Grenouille keine Bedingungen.
(S. 139 f.)

Eindeutig lässt sich zunächst der erste Satz dieses
Abschnitts als Erzählerbericht interpretieren,
denn er informiert den Leser über ein wichtiges
Handlungsmoment, den erfolgten Schwur Grenouilles, und macht mit einem eingeschobenen
Relativsatz das Verhalten der Hauptfigur verständlich. Einmal in den Sprachduktus des Erzählers eingestimmt, würde der Leser auch die
folgenden Sätze aus der Sicht des Erzählers gesprochen deuten, wäre nicht die Formulierung
„diesen lächerlichen Gesellenbrief" (Z. 5) eine
deutliche Irritation. Eine solche Abwertung eines
Gesellenbriefs ist wohl weniger dem zeitgenössischen Erzähler als vielmehr Grenouille selbst zu-
zuschreiben.

**Zwischen
Erzählersprache
und Figuren-
bewusstsein**

Somit nähert sich hier der Erzähler in seinem
Sprachverhalten bereits dem Bewusstsein seiner
Hauptfigur und übernimmt ihr Wertesystem, je-
doch noch ohne in den Figurenton zu verfallen.

Erst in der achten Zeile wechselt die Darbietungsweise in die erlebte Rede. Diese ist definiert als die Wiedergabe nicht ausgesprochener Gedanken und Empfindungen einer Figur in der dritten Person des Imperfekts und bedient sich häufig zur Verlebendigung der intrapersonalen Vorgänge der Frage oder des Ausrufs: „Paris nicht mehr betreten? Wozu brauchte er Paris?" (Z. 9 f.) Deutlich spürt der Leser hier, dass die Sichtweise und der Ton der betroffenen Person vorherrschen, der Erzähler sich hier weitgehend zurücknimmt. Doch weil die erlebte Rede in der dritten Person des Erzählerberichts verbleibt und sich dem Erzähltempus anpasst, sich auch keiner Anführungszeichen bedient und nicht durch ein Verb des Denkens oder Meinens eingeleitet wird, ist sie oft nicht immer klar auszumachen. Sicherlich beginnt mit Zeile 22 eine Passage, die sich wieder deutlicher als Erzählerbericht bestimmen lässt. Die Zeilen 17–22 sind hingegen als erlebte Rede kaum noch mit Sicherheit zu bestimmen. Sie werden zwar aus dem Bewusstsein Grenouilles heraus gesprochen, lassen auch saloppe Formulierungen erkennen („wenn's anders möglich war", Z. 21 f.), verraten aber auch bereits wieder die reflexive Distanz des Erzählers.

An dramatischen Höhepunkten des Romans, wo Grenouille zu tiefgreifenden Erkenntnissen durchdringt oder weitreichende Entscheidungen fällt, greift der Erzähler auf eine ebenfalls traditionelle, dem Drama näher stehende Präsentationsform zurück und wechselt in die direkte Rede. Diese Technik des Selbstgesprächs setzt der Erzähler beispielsweise in dem Augenblick ein, wo Grenouille, bestürzt über die Erkenntnis seiner eigenen Geruchlosigkeit, einen letzten Versuch unternimmt, seinem eigenen Körpergeruch doch noch auf die Spur zu kommen:

Selbstgespräch in direkter Rede

> Trotzdem geriet er nicht in Panik, sondern sagte sich, kühl überlegend, das folgende: „Es ist nicht so, daß ich nicht rieche, denn alles riecht. Es ist vielmehr so, daß ich nicht rieche, daß ich rieche,
> 5 weil ich mich seit meiner Geburt tagaus tagein gerochen habe und meine Nase daher gegen meinen

eigenen Geruch abgestumpft ist. Könnte ich meinen Geruch, oder wenigstens einen Teil davon, von mir trennen und nach einer gewissen Zeit der Entwöhnung zu ihm zurückkehren, so würde ich ihn – und also mich – sehr wohl riechen können."
(S. 173)

10

Formal weist diese Passage alle Anzeichen einer direkten Figurenrede auf: Sie ist durch die „inquit"-Formel „sagte sich" (Z. 1 f.) mit anschließendem Doppelpunkt eingeleitet, in der ersten Person Singular des Präsens gehalten und überdies noch durch Anführungszeichen kenntlich gemacht. Dennoch spiegelt dieses Selbstgespräch in wörtlicher Rede weniger das Bewusstsein Grenouilles als vielmehr die Formulierungskunst des Erzählers wider. Der hier dem verstörten Grenouille unterstellte Gedankengang zeichnet sich durch eine logische Stringenz aus, die dem Denken der Hauptfigur immer wieder abgesprochen wird. Archaisierende Wendungen wie „es ist nicht so, daß" (Z. 2 f.) oder „und also" (Z. 11) sowie Formulierungen, die eher der Logik folgen, denn gewandten Stilmustern oder gar der Umgangssprache (vgl. Wiederholung des „riechen", (Z. 3 f.), lassen eher parodistische Anklänge an den Stil idealistischer Philosophen erkennen als eine eigene Ausdrucksweise Grenouilles. Auch dort also, wo Grenouilles Subjektivität selbst zu Wort zu kommen scheint, im Selbstgespräch in direkter Rede, gibt sich die kunstvolle, ironische Formulierungsweise des Erzählers zu erkennen.

Überformung der Figurensprache durch den Erzähler

Innensicht der Nebenfiguren

Unmittelbarere Darstellungsweisen innerer Vorgänge setzt der Erzähler besonders bei den Figuren ein, die verstärkt durch ihr intellektuelles Profil in das Romangeschehen eingebunden sind. Dies betrifft beispielsweise Pater Terrier, der sich als aufgeklärter Theologe gegen den vermeintlichen Ammenaberglauben wehrt, den vermögenden Kaufmann Richis, der sich als einzige Person in die Strategie des Mörders hineindenken kann, und schließlich den Parfumeur Baldini, der sich an alte Ordnungen klammert und gegen die Übermacht der Konkurrenz zu behaupten versucht. Als typische Repräsentanten ihrer Zeit liegt ihre Funktion geradezu darin, mit ihrer spezifischen Denkweise dem Roman eine authentische historische Grundierung zu verleihen.

Hier setzt der Erzähler längere Passagen in der erlebten Rede ein, wechselt oft unmerklich in die direkte Rede des Selbstgesprächs und nähert sich deutlicher als bei Grenouille einer persönlich geprägten Figurensprache. Dies zeichnet besonders jene Passage Baldinis aus, in der er das Parfum ‚Amor und Psyche' seines Konkurrenten Pélissier begutachtet, um es anschließend zu kopieren:

> Baldini stand fast ehrfürchtig auf und hielt sich das Taschentuch noch einmal unter die Nase. „Wunderbar, wunderbar ..." murmelte er und schnüffelte gierig, „es hat einen heiteren Charakter, es ist lieblich, es ist wie eine Melodie, es macht direkt gute Laune ... Unsinn, gute Laune!" Und er schleuderte das Tüchlein wütend auf den Tisch zurück, wandte sich ab und ging in die hinterste Ecke des Zimmers, als schäme er sich seiner Begeisterung.
> Lächerlich! Sich zu solchen Elogen hinreißen zu lassen. ‚Wie eine Melodie. Heiter. Wunderbar. Gute Laune.' – Blödsinn! Kindischer Blödsinn. Eindruck des Augenblicks. Alter Fehler. Temperamentsfrage. Wahrscheinlich italienisches Erbteil. Urteile nicht, solange du riechst! Das ist die erste Regel, Baldini, alter Schafskopf! (S. 79 f.)

(Zeilennummern: 5, 10, 15)

Bereits das mit der dritten Zeile beginnende, durch die „inquit"-Formel „murmelte er" (Z. 3) und die Anführungszeichen deutlich gemachte Selbstgespräch kommt insbesondere durch den zweimaligen Satzabbruch der gesprochenen Sprache schon sehr nahe. Nach dem eingeschobenen Erzählerbericht (Z. 6–10) beginnt mit „Lächerlich" (Z. 11) erneut ein Selbstgespräch, diesmal aber ohne Redeeinleitung und ohne Anführungszeichen. Hier nimmt der Leser unmittelbar teil an Baldinis Assoziationen, die in syntaktischen Bruchstücken, nicht der Logik, sondern dem Bewusstsein der Figur gehorchend, aneinander gereiht werden. Damit nähert sich der Erzähler der modernsten Präsentationsweise innerer Vorgänge, dem inneren Monolog. Von dieser Technik, innerpsychische Prozesse ganz unmittelbar darzustellen, ohne auf gedanklichen Zusammenhang und stimmige Syntax zu achten, macht Süskind nur ganz punktuell Gebrauch. Zu dem insgesamt historisierenden erzählerischen Duktus des Romans fügen sich eher die traditionelleren Präsentationsweisen innerer Vorgänge wie der Erzählerbericht, die erlebte Rede und das Selbstgespräch.

Die Bewertung der Personen und des Geschehens

Wertende Einführung des Helden

Schon der direkte, provozierende Untertitel „Die Geschichte eines Mörders" legt die Vermutung nahe, dass der Roman auch Aspekte moralischer Wertung zur Sprache bringen könnte. Und tatsächlich macht der auktoriale Erzähler schon im ersten Absatz reichlich Gebrauch von seiner Möglichkeit, Figuren wie Geschehen bewertend zu kommentieren. Gleich zu Beginn stellt er seinen Helden Grenouille mit den Adjektiven „genial" und „abscheulich" (vgl. S. 5) in ein bipolares Spannungsfeld. Auf der einen Seite reiht er ihn ein in die Liste jener großen Gestalten, deren Namen in den Geschichtsbüchern Erwähnung finden, und schafft sich damit eine moralische Legitimation für seine Erzählung. Auf der anderen Seite signalisiert uns der Erzähler, noch ehe seine Hauptfigur die Welt des Romans überhaupt betreten hat, dass wir es mit einem selbstüberheblichen, menschenverachtenden, unmoralischen und gottlosen Scheusal (vgl. S. 5) zu tun bekommen. Grenouilles geniale Begabung im „flüchtigen Reich der Gerüche" (vgl. S. 5) macht seine „Geschichte" berichtenswert, seine finsteren Mordtaten muss der Leser als Schattenseite der Genialität in Kauf nehmen.

Bipolare Spannung

Wertungsstereotypen

Je häufiger jedoch der Erzähler den moralischen Zeigefinger erhebt, desto fragwürdiger erscheint dem Leser die Aufrichtigkeit des moralischen Urteils. Allzu oft spielt der Erzähler mit stereotypen Formulierungen, die eher um der sprachlichen Pointierung und literarischen Anspielung willen, denn aus echter moralischer Entrüstung heraus gewählt sind. Der anfänglich gewählte Begriff der „abscheulichen Gestalt" und des „Scheusals" (vgl. S. 5) wird kurz darauf wiederholt: „Er war von Beginn an ein Scheusal. Er entschied sich für das Leben aus reinem Trotz und aus reiner Boshaftigkeit." (S. 28) Häufiger noch parodiert der Erzähler die auf die Hauptfigur in Goethes „Wilhelm Meister" bezogene Formulierung „seine reine Seele" (vgl. z. B. Anfang 1. Buch, 9. Kapitel), wenn er bei Grenouille vom „Kuddelmuddel seiner schwarzen Seele" (S. 55) oder vom „Land seiner rabenschwarzen Seele" (S. 306) spricht. Umgangssprachliche, griffige Formulierungen wie „Kuddelmuddel" oder „rabenschwarz" geben ebenso wie die in ihrer Bildhaftigkeit gedrechselte Wendung „Spiralenchaos ihrer Seelen" (S. 57 f.) dem ernsten, moralisch wertenden Kontext eine leicht ironische Note. Wertungen wie „in seinem düsteren Hirn" (S. 278) oder Selbstaussagen Grenouilles, er sei „durch und durch böse" (S. 199), sind sehr unmittelbar und wenig abgestuft, oft aber auf sprachliche Effekte, auf Witz und Ironie abgestellt. Der aufmerksame Leser wird solche moralischen Bekundungen eher als ein postmodernes Spiel mit Wertungskonventionen verstehen, mit dem der Erzähler die unverrückbare Tatsache zu bewältigen versucht, dass Mord trotz aller Genialität schließlich Mord bleibt.

„Scheusal" und „schwarze Seele"

Wertung als ironisches Spiel

Über diesen Aspekt nämlich, dass Grenouilles perfekt ausgeführte Morde letztlich kriminelle, moralisch verwerfliche Handlungen bleiben, täuscht uns der Roman immer wieder äußerst gekonnt hinweg. Dies liegt zunächst einmal daran, dass Grenouilles Drang zu töten nicht dem Stillen einer Mordlust, verirrter sexueller Bedürfnisse oder persönlicher Rachegefühle, sondern der Verwirklichung hochgesteckter, ja absoluter künstlerischer Ziele dient. „Größter Parfumeur aller Zeiten" zu werden, die „Welt der Düfte zu revolutionieren" (vgl. S. 57 f.) sind Grenouilles Vorsätze, einen „übermenschlichen Duft" (vgl. S. 198) zu kreieren, „omnipotenter Gott des Duftes" (vgl. ebd.) zu werden, seine Ziele. Hinter dem Absolut-

Mord als Verwirklichung von Genialität

heitsanspruch des Genies werden die kriminellen Aspekte von Grenouilles perfekt inszenierten Morden fast verdrängt. Dies lässt sich genauer an den Mordvorgängen aufweisen, von denen uns der Erzähler den ersten und den letzten genauer schildert. Bei Grenouilles Begegnung mit dem ersten, Mirabellen entkernenden Mädchen in der Rue des Marais kann der Leser lediglich erahnen, dass ein Mord unmittelbar bevorsteht.

> Sie war so starr vor Schreck, als sie ihn sah, daß er viel Zeit hatte, ihr seine Hände um den Hals zu legen. Sie versuchte keinen Schrei, rührte sich nicht, tat keine abwehrende Bewegung. Er seiner-
> 5 seits sah sie nicht an. Ihr feines sommersprossen-übersprenkeltes Gesicht, den roten Mund, die gro-ßen funkelndgrünen Augen sah er nicht, denn er hielt seine Augen fest geschlossen, während er sie würgte, und hatte nur die eine Sorge, von ihrem
> 10 Duft nicht das geringste zu verlieren.
> Als sie tot war, legte er sie auf den Boden mitten in die Mirabellenkerne, riß ihr Kleid auf, und der Duftstrom wurde zur Flut, sie überschwemmte ihn mit ihrem Wohlgeruch. Er stürzte sein Gesicht
> 15 auf ihre Haut und fuhr mit weitgeblähten Nüstern von ihrem Bauch zur Brust, zum Hals, in ihr Ge-sicht und durch die Haare und zurück zum Bauch, hinab an ihr Geschlecht, an ihre Schenkel, an ihre weißen Beine. Er roch sie ab vom Kopf bis an die
> 20 Zehen, er sammelte die letzten Reste ihres Dufts am Kinn, im Nabel und in den Falten ihrer Arm-beuge (S. 56).

Die Spannung, die von dieser ersten Mordschilde-rung ausgeht, wird vor allem durch die Lautlosig-keit des Geschehens und durch die poetische, aber disziplinierte Sprache verstärkt. Der eigentliche Mordvorgang vollzieht sich hinter den Zeilen. Eingeleitet wird er durch die Formulierung „ihr seine Hände um den Hals zu legen" (Z. 2 f.), was man zunächst noch als eine Geste der Zärtlichkeit verstehen könnte, genauer bestimmt dann durch den überraschenden, aber wie beiläufig einge-schobenen Nebensatz „während er sie würgte" (Z. 8 f.). Zum Zeitpunkt des Mordgeschehens, der Tä-ter hält bezeichnenderweise die Augen geschlos-sen, findet der Erzähler die Zeit, das „sommersprossenübersprenkelte Gesicht" (vgl. Z. 5 f.) und die „funkelndgrünen Augen" (Z. 7) des arglosen Opfers zu erwähnen. Nichts Sensationelles zeichnet diese vordergründig geruhsame Szene aus, die Aufmerksamkeit des Erzählers folgt der des Helden, sie richtet sich auf den Vorgang der Duftkonservierung. Dementsprechend wird der Prozess des „Abriechens" mit äußerster Genauigkeit, fast wie eine Choreografie beschrieben. Nachdem mit der Formulierung „riß ihr Kleid auf." (Z. 12) zunächst wieder sexuelle Assoziationen geweckt werden, zeichnet der Erzähler in sorgfältiger Aufzählung die Linien nach, die Grenouilles Nase auf dem Körper seines leblosen Opfers beschreibt. Somit folgt der Erzähler in seinem Duktus der Wahrnehmungs- und Erlebnisweise der Hauptfigur, was Grenouille nicht wahrhaben will, lässt auch der Erzähler am Rand des Geschehens.

Duftkonservierung als vorrangiges Ziel

Auch bei der ebenfalls ausführlichen Darstellung des letzten Mordes an Laure Richis enthält sich der Erzähler jeglicher Bewertung der Geschehnisse, fühlt sich in die Empfindungsweise des Täters ein und beschreibt dessen inzwischen professionalisiertes Verhalten mit auffallender Akribie (vgl. S. 275 f.).

Beschreibung aus der Sicht des Täters

Dass der Erzähler ansonsten eine grundsätzlich kritische Beziehung zu seinen Figuren und zum Geschehen entwickelt, gibt er immer wieder deutlich zu erkennen. Äußerst unfreundlich geht er beispielsweise mit Madame Gaillard um, die er als „Mumie eines Mädchens" (S. 25), weil „innerlich längst tot" (vgl. ebd.), bezeichnet, bei Baldini spricht er von „seinem dummen alten Kopf" (S. 144), Grenouilles Kost auf dem Plomb du Cantal bezeichnet er in salopper Formulierung als „nach bürgerlichen Maßstäben völlig indiskutable Ernährungsweise" (S. 155), das Bacchanal auf dem Richtplatz von Grasse kommentiert er mit dem lakonischen Satz: „Es war infernalisch." (S. 304)

Kritische Grundhaltung

Doch all diese Wertungen sind eher ein ästhetisches Spielangebot an den Leser als aus einer wirklichen moralischen Betroffenheit heraus vorgebracht. Eine auffallend große Sorgfalt verwendet der Erzähler darauf, den Leser mit sprachlich

Wertungen als Spielangebot

suggestiv gestalteten Schilderungen von Grenouilles olfaktorischer Genialität und handwerklicher Perfektion in den Bann des Geschehens zu ziehen. Ihn mit moralischen Wertungen vom Genuss der ästhetischen Fiktion abzulenken, ist nicht seine Intention.

Mischung der Sprachstile

Suggestion der Sprache

Von wenigen Ausnahmen und einzelnen Einschränkungen abgesehen, loben die Rezensionen nach Erscheinen des Romans dessen stilistische Qualitäten. Sicherlich hat gerade diese verführerische Wirkung von Süskinds Stil mit dazu beigetragen, dem Roman wie kaum einem anderen eine ungewöhnlich breite Leserresonanz zu verschaffen. Hinter dieser suggestiven Kraft der Sprache, die den Leser geradezu in den Roman hineinzieht, steckt ein ganzes Arsenal stilistischer Techniken, die einerseits auf sprachlichen Wohlklang, auf Intensität und Eindringlichkeit, andererseits aber auch auf dauernd präsente ironische Brechung und Entmystifizierung abzielen.

Rhythmisierungen und lautliche Korrespondenzen

Unter lautlichen Aspekten zeichnet sich die Sprache des Romans schon in den ersten Abschnitten durch Ausgewogenheit, Gleichmaß und lyrische Effekte aus. Wenn die einleitenden Sätze mit der Bemerkung schließen, Grenouilles Genie beschränke sich ausschließlich auf jenes Gebiet, das in der Geschichte keine Spuren hinterlasse, „auf das flüchtige Reich der Gerüche" (S. 5), so wird dieser abschließende Satz zum einen durch seinen regelmäßigen Rhythmus (∪∪/∪∪/∪∪/∪/), zum andern durch die auffallende Dominanz des Konsonants -ch- hervorgehoben. Eine deutliche rhythmische Gestaltung weist auch die anschließende Beschreibung der Pariser Dufttopografie im 18. Jahrhundert auf:

> Es stanken die Straßen nach Mist, es stanken die Hinterhöfe nach Urin, es stanken die Treppenhäuser nach fauligem Holz und nach Rattendreck, die Küchen nach verdorbenem Kohl und Hammelfett;

5   die ungelüfteten Stuben stanken nach muffigem
     Staub, die Schlafzimmer nach fettigen Laken,
     nach feuchten Federbetten und nach dem stechend
     süßen Duft der Nachttöpfe. Aus den Kaminen
     stank der Schwefel, aus den Gerbereien stanken
10   die ätzenden Laugen, aus den Schlachthöfen stank
     das geronnene Blut. (S. 5 f.)

**Rhetorik der Ge-
ruchsbeschreibung**

Auffallend ist zunächst auf lautlicher Ebene die
rhythmische Gestaltung dieser Passage, besonders
offensichtlich in dem Satzanfang „Es stanken die
Straßen nach Mist" (∪/∪∪/∪∪/) und am Ende des
zweiten Satzes „aus den Schlachthöfen stank das
geronnene Blut" (∪∪/∪∪/∪∪/∪∪/). In beiden Satzteilen sorgt darüber hinaus die Alliteration „stanken" – „Straßen" beziehungsweise „Schlachthöfen" – „stank" für weitere klangliche Korrespondenzen. Wie häufig in diesem Roman zeichnet sich
die Syntax durch Parallelismen, durch die mehr-
fache Wiederholung des gleichen Satzbaumusters
aus, wobei die beständige Wiederholung des Verbs
„stinken" in mehreren Flexionsstufen der Eindringlichkeit der Aussage, sein überraschendes
Fehlen der Dynamisierung des Stils dient. Schließlich verdankt diese Textpassage ihre suggestive
Wirkung auf den Leser einem von Süskind ebenfalls auffallend häufig eingesetzten Stilmittel: dem
der Accumulatio, der aufzählenden Häufung einzelner Details zum selben Sachgebiet. So entsteht
durch die unter dem Aspekt lebendigen Stils eher
monoton erscheinende Reihung unterschiedlichster Geruchsquellen und ihrer Nuancierung ein
intensiver, nachhaltiger, durch die lautliche Struk-
turierung verstärkter Eindruck von der Geruchs-
landschaft in Paris. Mit Vorliebe bei der Beschreibung von Düften sowie von allen mit ihrer Herstellung und Wirkung verbundenen Handlungen
bedient sich Süskind der Accumulatio oder auch
einfach nur der Enumeratio, der kommentarlosen
Aufzählung. Grenouilles olfaktorischer Lernpro-
zess wird in dieser Weise weit ausholend beschrieben, wenn Grenouille nicht mehr nur „Holz"
riecht, sondern „Holzsorten, Ahornholz, Eichen-
holz, Kiefernholz, Ulmenholz, Birnbaumholz, altes, junges, morsches, modriges, moosiges Holz, ja

**Aufzählung von
Details**

sogar einzelne Holzscheite, Holzsplitter und Holzbrösel" (S. 33). Seine Verrichtungen beim Gerber Grimal werden in ihrer Widerwärtigkeit schier lückenlos aufgezählt: Er „entfleischte die bestialisch stinkenden Häute, wässerte, enthaarte, kälkte, ätzte, walkte sie, strich sie mit Beizkot ein, spaltete Holz, entrindete Birken und Eiben, stieg hinab in die von beißendem Dunst erfüllten Lohgruben, schichtete, wie es ihm die Gesellen befahlen, Häute und Rinden übereinander, streute zerquetschte Galläpfel aus, überdeckte den entsetzlichen Scheiterhaufen mit Eibenzweigen und Erde." (S. 41). Mit einer Aufzählung von einer ganzen Seite wird vor dem Leser das außergewöhnlich breite, mit exotischen Raritäten angefüllte Warenangebot Baldinis aufgefächert (S. 60 f.), die Ausschweifungen der Grasser Bürger auf dem Hinrichtungsplatz führen geradezu zu stilistischen Orgien geballter Worthäufungen (vgl. S. 301 ff.).

Dienen die unterschiedlichen Formen der Accumulatio dazu, den Leser mit Wortkaskaden zu überschütten und so das Ekelerregende wie auch das sinnlich Verführerische der Düfte, Gerüche und damit verbundenen Handreichungen unmittelbar zu vergegenwärtigen, so zielen die ebenso häufig eingesetzten Formen der Steigerung auf eine Dynamisierung des Geschehens. Oft geben sich die Wortreihungen als Steigerung, als Klimax, zu erkennen, beispielsweise wenn Grenouille sich als „den Großen, den Einzigen, den Herrlichen Grenouille" (S. 162) bezeichnet oder wenn Baldini sich dazu bekennt, er hätte den kranken Grenouille „erwürgen mögen, erschlagen hätte er ihn mögen, herausgeprügelt (...) hätte er am liebsten die kostbaren Geheimnisse" (S. 135).

Dem steht als formal verwandtes Gegenstück nicht weniger häufig die Antiklimax entgegen, mit der dem Leser ein dynamischer Eindruck von der Flüchtigkeit, der Winzigkeit, der Gründlichkeit der Empfindung vermittelt wird, so als müsse sich der Erzähler an die Eindrücke selbst erst heranarbeiten: „Er war schon im Begriff, die langweilige Veranstaltung zu verlassen, um an der Galerie des Louvre entlang heimwärts zu gehen", so heißt

Anhäufung von Ekelhaftem

Dynamisierung durch Klimax

Antiklimax als Gegenstück

es von Grenouille am Abend des großen Feuer-werks, „als ihm der Wind etwas zutrug, etwas Winziges, kaum Merkliches, ein Bröselchen, ein Duftatom, nein, noch weniger: eher die Ahnung eines Dufts als einen tatsächlichen Duft" (S. 50). Ebenso eindringlich wird Grenouilles Verlangen nach diesem Duft beschrieben: „Bis in die kleinste Einzelheit, bis in die letzte zarteste Verästelung mußte er ihn kennenlernen" (S. 55).

Überzeichnung durch Superlative

Ebenfalls auf die Steigerung des Ausdrucks und damit auf die Affekte des Lesers zielt die Hyper-bel, die bewusste Überzeichnung, die Süskind be-sonders in allen Formen superlativischen Spre-chens einsetzt. Mit solchen superlativischen Wen-dungen werden, ganz ähnlich wie im Märchen, besonders markante Eigenschaften oder Lebens-abschnitte des Helden hervorgehoben. Schon zu Beginn des Romans wurde Grenouille den „ge-nialsten und abscheulichsten Gestalten" (S. 5) sei-ner Epoche zugerechnet, geboren wird er „am al-lerstinkendsten Ort des gesamten Königreichs" (S. 7), mit Paris steht ihm „das größte Geruchsre-vier der Welt" (S. 43) offen, „der größte Parfumeur aller Zeiten" (S. 58) möchte er einmal werden. Der Plomb du Cantal ist für Grenouille der „Magnet-pol der größtmöglichen Einsamkeit" (S. 152) oder „der menschenfernste Punkt des ganzen König-reichs" (S. 152), der Marquis bringt ihn natürlich zum „besten Parfumeur der Stadt" (S. 189). In Grasse sammelt Grenouille die „Essenzen für das beste Parfum der Welt" (S. 268), und während auf dem Marktplatz das „größte Bacchanal" stattfin-det, „das die Welt seit dem zweiten vorchristlichen Jahrhundert gesehen hatte" (vgl. S. 303), erlebt der Held „den größten Triumph seines Lebens" (S. 305).

Erst- und Einmalig-keit der Ereignisse

Der emotionalen Aufwertung und damit Dramati-sierung der Ereignisse dient auch Süskinds Tech-nik, Situationen, Empfindungen und Handlungen in ihrer Erstmaligkeit oder Einmaligkeit hervor-zuheben. Damit wird der Leser nicht Zeuge ir-gendeiner Begebenheit, sondern eines emotiona-len Höhepunkts im Leben des Helden. Als Gre-nouille bei Baldini die Methode der Destillation kennen lernt, ist nicht nur von seiner Begeisterung die Rede, sondern es heißt: „Wenn je etwas im Leben Begeisterung in ihm entfacht hatte [...], dann war es dieses Verfahren" (S. 125). Auf dem Plomb du Cantal kann Grenouille „zum ersten Mal [...] fast frei atmen" (S. 147), fühlt sich als „der einzige Mensch auf der Welt" (S. 154), steigt zum „ersten Mal seit sieben Jahren" (S. 173) wieder auf dessen Gipfel. In Montpellier verbreitet Grenouille „zum ersten Mal in seinem Leben" (S. 194) einen menschlichen Geruch und von Laure Richis verspricht er sich ein Parfum, „wie es die Welt noch nicht gerochen hatte" (S. 217). „Er wollte sich *ein* Mal im Leben entäußern", wird von Grenouille während des Bacchanals gesagt: „Er wollte ein Mal, nur ein einziges Mal, in seiner wahren Existenz zur Kenntnis genommen werden" (S. 306), er bleibt jedoch „der einzige", der sein Parfum „jemals in seiner wirklichen Schönheit erkannt hat" (S. 316). Welche Bedeutsamkeit diesem Stilzug zukommt, die Ereignisse in äußerste Singularität zu rücken, zeigt sich mit dem Schlusssatz des Romans, wenn nach dem Akt des Kannibalismus über die Motive der „Desperados" verraten wird: „Sie hatten zum ersten Mal etwas aus Liebe getan." (S. 320)

Antithetische Fügungen

In dieser Reihe der auffallend häufig benutzten Stilfiguren wie der Accumulatio, der Klimax und der Hyperbel ist auch die Antithese zu nennen, die Gegenüberstellung sich widersprechender Begriffe und Vorstellungen. Da, wie der Erzähler in einem reflektierenden Einschub geltend macht, die Sprache „nicht zur Beschreibung der riechbaren Welt" (S. 160) taugt, muss er zur Verdeutlichung ungewöhnlicher Geruchsnuancen auch auf besondere stilistische Mittel zurückgreifen. So stoßen wir gerade bei Duftbeschreibungen immer wieder auf antithetische Fügungen: Baldini bezeichnet in einer erlebten Rede das Parfum seines Konkurrenten Pélissiers als „ekelhaft gut" (S. 79), um es dann im Spannungsfeld gegensätzlicher Charakterisierungen näher zu beschreiben.

Grenouille nimmt den ersten Dufthauch Laure Richis' als „etwas mörderisch Gutes" (S. 214)

wahr, als „haarsträubend himmlisch" (S. 217).
Diese Formulierungen sind in ihrem antithetischen Charakter bereits so pointiert, anspielungs-
reich, durch Alliteration überzogen, dass schon
leicht ironische Untertöne mitklingen. Dieses ironisch grundierte Spiel mit antithetischen Fügungen wird da besonders deutlich, wo der Duft des
ersten Mädchens aus der Rue des Marais beschrieben wird.

**Ironische
Grundierung**

> Dieser Geruch hatte Frische; aber nicht die Fri-
> sche der Limetten oder Pomeranzen, nicht die Fri-
> sche von Myrrhe oder Zimtblatt oder Krauseminze
> oder Birken oder Kampfer oder Kiefernnadeln,
> 5   nicht von Mairegen oder Frostwind oder von
> Quellwasser..., und er hatte zugleich Wärme; aber
> nicht wie Bergamotte, Zypresse oder Moschus,
> nicht wie Jasmin und Narzisse, nicht wie Rosen-
> holz und nicht wie Iris ... Dieser Geruch war eine
> 10   Mischung aus beidem, aus Flüchtigem und Schwe-
> rem, keine Mischung davon, eine Einheit, und da-
> zu gering und schwach und dennoch solid und tra-
> gend, wie ein Stück dünner schillernder Seide ...
> und auch wieder nicht wie Seide, sondern wie ho-
> 15   nigsüße Milch, in der sich Biskuit löst – was ja
> nun beim besten Willen nicht zusammenging:
> Milch und Seide! Unbegreiflich dieser Duft, unbe-
> schreiblich, in keiner Weise einzuordnen, es durfte
> ihn eigentlich gar nicht geben. Und doch war er da
> 20   in herrlichster Selbstverständlichkeit." (S. 52)

Mit der Gegenüberstellung der beiden Begriffe
„Frische" (Z. 1) und „Wärme" (Z. 6) beginnt eine
antithetische Fügung, die sich als Klimax durch
den gesamten Textauszug zieht und in der zugespitzten Formulierung gipfelt: „es durfte ihn eigentlich gar nicht geben. Und doch war er da" (Z.
18 f.). Gleichzeitig wird mit dem Zusatz „aber
nicht die Frische der Limetten" (Z. 1 f.) eine lange
Kette von Vergleichen begonnen, die allesamt als
nicht zutreffend bezeichnet werden. Durch die
Enumeratio, die mit „oder" beziehungsweise
„nicht wie" verbundene Aufzählung klangvoller
Duftsubstanzen, entsteht jedoch ein Bezugsfeld,
das dem Leser auf suggestive Weise eine ganze olfaktorische Welt erschließt. Der eigentliche Duft,
der Geruch des Mädchens aus der Rue des Marais,

**Reihung von Ver-
gleichen**

wird vor der Folie der aufgezählten Duftstoffe um so wertvoller und unfasslicher.

Ironische Brechung

Gegen Ende dieser Klimax vollzieht der Erzähler schließlich eine ironische Wendung: Ausgehend von der Zusammenfügung „Milch und Seide" (Z. 17) macht er nun selbst auf die Widersprüchlichkeit seiner Beschreibung aufmerksam und gibt zu verstehen, dass sich ein solcher Duft allen Beschreibungsmöglichkeiten entzieht. Mit dieser ironischen Brechung nimmt der Erzähler den Vorgang des Beschreibens in die Beschreibung selbst mit hinein und schafft damit wieder Distanz zum Geschehen.

Mischung der Stilebenen

Die suggestive Wirkung, die Süskinds Sprache auf den Leser ausübt, entsteht aber nicht nur durch deren rhythmische und lautliche Qualitäten, durch die klare rhetorische Gestaltung mit Figuren der Häufung, der Klimax und Antithese, sie beruht vielmehr auch auf der unkonventionellen, ironisch gebrochenen Mischung unterschiedlicher Stilebenen. Zunächst wird mit dem Anfang des Romans im Stile Kleists ein historisierender, mit altertümlichen Formeln erzählender Ton angeschlagen.

Historisierender Stil

Dieser historisierende Ton, oft sogar mit biblischen Wendungen durchsetzt, zieht sich durch den gesamten Roman, hebt einzelne erzählerische Einschnitte und Schlüsselstellen hervor oder leitet neue Erzählsequenzen ein. „Und abermals nahm er einen tiefen Atemzug vom warmen Dunst, den die Amme verströmte" (S. 13), heißt es von Pater Terrier. Grenouilles Erlernen des parfümistischen Handwerks wird mit der Wendung eingeleitet: „Und so ließ er sich denn willig unterweisen in der Kunst des Seifenkochens aus Schweinefett" (S. 122). Das an biblische Satzmuster gemahnende „Und" am Satzanfang fungiert als beliebte Ein- und Überleitung, so beispielsweise nach der kurzen Begegnung Richis mit Grenouille im Stall von La Napoule: „Und so hatten sich beide bei ihrer kurzen Begegnung gegenseitig von ihrer Arglosigkeit überzeugt" (S. 272). An anderen Stellen scheinen stilistische Muster der Klassik und Romantik durch: Einen Satz aus Goethes „Wilhelm Meister" meint man zu lesen, wenn Grenouille über sein

Klassische und romantische Muster

Schicksal nachdenkt: „Ja, es schien ihm, wenn er so zurückdachte, daß er ein vom Glück besonders begünstigter Mensch sei und daß sein Schicksal ihn auf zwar verschlungenen, doch letzten Endes richtigen Wegen geführt habe" (S. 278); wenige Seiten später wird man in die Welt Eichendorffs versetzt: „Als er dann aufstand und das Fenster weit öffnete und draußen das schöne Wetter gewahrte und die frische würzige Morgenluft einsog und die Brandung des Meeres hörte, da kannte seine gute Laune keine Grenzen mehr, und er spitzte die Lippen und pfiff eine muntere Melodie." (S. 281) Historisierende Sprachformen, Stilmuster des achtzehnten Jahrhunderts, der Klassik wie Romantik geben dem Roman einen scheinbar konventionellen Grundduktus, der sich allerdings bei genauerem Hinsehen als ironisches Spiel darstellt.

Häufig nämlich werden die historisierenden Stilmuster durch Kombination mit umgangssprachlichen Ausdrücken und Wendungen, sprachlichen Manierismen, kühnen Metaphern und Vergleichen in ihrer Ernsthaftigkeit in Frage gestellt. Grenouille wünscht, sich am Geruch des Meeres „besaufen" (S. 46) zu können, Baldini „glotzte" (S. 111) nach Grenouilles erster Duftprobe in die Nacht, geht „schnurstracks" (S. 112) zu Grimal, dieser schwimmt auf der Seine „alle viere von sich gestreckt" (S. 114). Baldini fürchtet, seine Pläne seien „vermasselt" (S. 134), der Kopf von Insekten wird „abgeknipst" (S. 155), von „Brut" (S. 163) und „Suff" (S. 167), von „kirre machen" (vgl. S. 190) ist die Rede, Grenouille bekommt sein seidenes Hemd in Montpellier „verpaßt" (S. 183). Anstößig sind solche Ausdrücke sicherlich nicht, wohl aber fügen sie sich ganz und gar nicht in einen historisierenden Sprachkontext. Dass aber hinter diesen stilistischen Brüchen die Strategie steht, gerade Heterogenes miteinander zu verknüpfen, wird bei der genaueren Analyse der unzähligen sprachlichen Manierismen deutlich.

Noch am wenigsten auffällig ist der exzessive Gebrauch von Fachtermini der Duftgewinnung und Parfumherstellung, da der Leser schließlich in die berufliche wie persönliche Welt Grenouilles einge-

Umgangssprachliche Formulierungen

Fachsprache der Parfumerie

103

führt werden muss. Hier ist von „enfleurage"
(S. 137) die Rede, von „Mazeration", „Absorption"
(S. 222), von „Lavage" (S. 224), „Filtrage" (S. 224),
von „direktem Digerieren" (vgl. S. 233), von „Essence Absolue" (S. 224), „Huile Antique de Tubé-
reuse" (S. 228), vom „Alambic" (S. 224) oder
„Maurenkopfalambic" (S. 123) und dem „Pistill"
(S. 116). Den Aufzählungen dieser Techniken und
Instrumente in Satzteilen wie: „kostbarste Essenzen, die Grenouille im vergangenen Jahr durch
kalte Fettenfleurage der Körper, Digerieren von
Haaren und Kleidern, Lavage und Destillation gewonnen hatte" (S. 267) kommt bereits eine, wenn
auch makabre, so doch poetische Wirkung zu.

**Entlehnte
Begriffe**

Stärkere ironische Signale gehen jedoch von den
manchmal maniert gehäuften, aus dem Griechi-
schen, Lateinischen und insbesondere Französischen entnommenen Wörtern und Redewendungen
aus. So erträumt sich Baldini eine „veritable kleine
Manufaktur" (S. 131), fürchtet, er „exploitiere"
(S. 142) Grenouille. An Madame Gaillards Hände
erinnert Grenouille „das ledrig verdorrte Odeur"
(S. 158), von einem „eruptiven Akt der Extinktion"
(vgl. S. 159) wird gesprochen, Grenouille ist be-
geistert von einer „Trouvaille" (S. 180). Preziöse
Fremdworthäufungen finden sich ganz besonders
oft bei Geruchs- und Duftbeschreibungen: Attribute wie „sublim" (vgl. S. 119), „unvirulent" (vgl.
S. 193), „ephemer" (vgl. S. 245), „exquisit" (vgl.
S. 227), „fragil" (vgl. S. 227) sind nur noch über-
treffbar durch den „infinitesimalen" Geruch einer
Steinpomade (vgl. S. 235). Gelegentlich sind Füll-
worte wie „justament" (S. 227) oder „partout"
(S. 236) aus dem Französischen übernommen, la-
teinische Gelehrtenfloskeln wie „cum grano salis"
(S. 228) und „mutatis mutandis" (S. 260) werden
durch den Zusatz „freilich" oder „versteht sich"
ihrer akademischen Würde beraubt.

**Vergleiche,
Metaphern**

Schließlich sorgen auch die intensiv eingesetzten,
oft ausgefallenen Vergleiche, Metaphern und
Wortneubildungen dafür, dass der Stil witzig,
spielerisch leicht und ironisch wirkt. So wird, auf
Grenouille bezogen, von der „synthetisierenden
Geruchsküche seiner Phantasie" (S. 48) gespro-

chen, die ausgefallene Metapher „Kuddelmuddel seiner schwarzen Seele" (S. 55) erfährt wenig später mit der Formulierung „ein gerades Geleis ins Spiralenchaos ihrer Seelen" (S. 57 f.) noch eine Steigerung. Auch hier ist gerade bei der Beschreibung von Duftprodukten und Düften sowie weiblicher Schönheit die Grenze zwischen poetischem Ernst und Ironie kaum auszumachen. Wenn beispielsweise von Laures Körperduft gesagt wird: „Was noch vor einem Jahr sich zart versprenkelt und vertröpfelt hatte, war nun gleichsam legiert zu einem leicht pastosen Duftfluß, der in tausend Farben schillerte" (S. 241), so balanciert dieser Vergleich zwischen lyrischem Pathos und Ironie.

Balance zwischen Ernst und Ironie

Süskinds Stil lässt sich somit nur beschreiben als eine Mischung unterschiedlicher Stilebenen. Der Geschichtlichkeit des Stoffes entsprechenden historisierenden Passagen stehen Wendungen aktueller Umgangssprache gegenüber. Saloppe Formulierungen wie „Schwall detaillierter Dummheit" (S. 17) und „blubbernder Wortausbruch" (S. 188), Wortneuschöpfungen wie „Ausderreihetanzer" und „Duftinflationär" (S. 69) fügen sich in diesen Stil ebenso ein wie die satirische Behandlung des Fetischs Kreativität: Nicht nur werden Duftkompositionen unaufhörlich „kreiert", nicht selten sind auch mit der Beschreibung der Düfte ironische Brücken zu Wendungen heutiger Werbesprache, zur Suche nach ausgefallenen, geschraubten Attributen und Vergleichen geschlagen. Oft stoßen ernste und witzige, pathetische und ungezwungene, lyrische und makabre Passagen unmittelbar aneinander. In den Kontext der Gegenwartsliteratur einzuordnen ist diese Stilmischung nur vor dem Hintergrund der Diskussion um die sogenannte Postmoderne.

Fetisch des „Kreierens"

Postmoderne und Intertextualität

Der Entwicklung postmoderner Schreibweisen in den achtziger Jahren unseres Jahrhunderts liegt die Erkenntnis zugrunde, dass sich die ästheti-

Abkehr von der Moderne

schen Innovationsmöglichkeiten der literarischen Moderne erschöpft haben. Während Stilrichtungen wie Expressionismus und Dadaismus, Romanautoren wie Proust, Joyce und Döblin noch neue literarische Ausdrucksformen entwickelten, die dem Leser das Erlebnis des Noch-nie-Erfahrenen vermittelten, verbreitet sich seit Ende der sechziger Jahre zunehmend die Einsicht, auf dem Feld der ästhetischen Innovationen nichts mehr bestellen zu können. Diese Abkehr von den ästhetischen Gestaltungsprinzipien der Moderne wird auch durch die Erkenntnis verstärkt, dass die zurückliegenden Experimente der Moderne oft nur ästhetisch bewanderte, gebildete Kenner erreichten.

Schreiben für breitere Leserschichten

Unter dem Einfluss insbesondere der amerikanischen Postmoderne-Diskussion setzt sich zu Beginn der achtziger Jahre in der Bundesrepublik die Tendenz durch, nicht mehr nur für elitäre Leserschichten, sondern auch für ein breiteres Massenpublikum zu schreiben. Mit der Abkehr von der Moderne, dem Verzicht auf avantgardistische Experimente, geht gleichzeitig eine Popularisierung der ästhetischen Ausdrucksmittel einher. Die

Popularisierung der Ausdrucksmittel

Autoren der Postmoderne greifen zunehmend auf traditionelle Erzählformen zurück, entwickeln kunstvoll aufgebaute, auf Spannung bedachte Geschichten, die auch den literarisch weniger ambitionierten Leser in den Bann schlagen. Häufig gehen sie, und hier ist Umberto Ecos Roman „Der Name der Rose" seit 1980 ein stilbildendes Beispiel, auf einen Stoff der Historie zurück, der einerseits vergessenes Wissen entfaltet, andererseits aber durch eine kriminalistisch oder detektivisch geprägte Handlung den Leser in Atem hält. Da

Postmoderne Ironie und Intertext

eine solche Wiederaufnahme traditioneller Erzählformen aber nicht unwissend, nicht naiv geschehen kann, bedienen sich die Autoren aller Formen der Ironie und der Parodie. Der Griff in die große Kiste erzählerischer Traditionen wird nicht vertuscht, geschieht auch nicht stillschweigend, sondern wird auf weiteren Ebenen des Textes durch Anspielungen und Verweise, Zitate und modifizierte Textentlehnungen kenntlich gemacht. Es entsteht ein sogenannter Intertext, ein

Zusammenspiel unterschiedlichster Texte, durch die der Roman in einen Dialog mit der literarischen Tradition eintritt.

Eine erste Textfolie hat Süskind bereits dem Romananfang hinterlegt: den Beginn von Heinrich von Kleists Novelle „Michael Kohlhaas". In einem Vergleich der beiden Erzählanfänge lässt sich deutlich erkennen, wie Süskind den historischen Bezugstext in seine eigene Erzählstrategie einbezieht:

„Michael Kohlhaas" als Textvorlage

An den Ufern der Havel lebte, um die Mitte des sechzehnten Jahrhunderts, ein Roßhändler, Namens Michael Kohlhaas, Sohn eines Schulmeisters, einer der rechtschaffensten zugleich und entsetzlichsten Menschen seiner Zeit. – Dieser außerordentliche Mann würde, bis in sein dreißigstes Jahr für das Muster eines guten Staatsbürgers haben gelten können. Er besaß in einem Dorfe, das noch von ihm den Namen führt, einen Meierhof, auf welchem er sich durch sein Gewerbe ruhig ernährte; die Kinder, die ihm sein Weib schenkte, erzog er, in der Furcht Gottes, zur Arbeitsamkeit und Treue; nicht Einer war unter seinen Nachbarn, der sich nicht seiner Wohlthätigkeit, oder seiner Gerechtigkeit erfreut hätte; kurz, die Welt würde sein Andenken haben segnen müssen, wenn er in einer Tugend nicht ausgeschweift hätte. Das Rechtgefühl aber machte ihn zum Räuber und Mörder. (Kleist, Michael Kohlhaas, S. 63 f.)

Im achtzehnten Jahrhundert lebte in Frankreich ein Mann, der zu den genialsten und abscheulichsten Gestalten dieser an genialen und abscheulichen Gestalten nicht armen Epoche gehörte. Seine Geschichte soll hier erzählt werden. Er hieß Jean-Baptiste Grenouille, und wenn sein Name im Gegensatz zu den Namen anderer genialer Scheusale, wie etwa de Sades, Saint-Justs, Fouchés, Bonapartes usw., heute in Vergessenheit geraten ist, so sicherlich nicht deshalb, weil Grenouille diesen berühmteren Finstermännern an Selbstüberhebung, Menschenverachtung, Immoralität, kurz an Gottlosigkeit nachgestanden hätte, sondern weil sich sein Genie und sein einziger Ehrgeiz auf ein Gebiet beschränkte, welches in der Geschichte keine Spuren hinterläßt: auf das flüchtige Reich der Gerüche. (S. 5)

Textübernahmen und Modifikationen

Auffälligstes Merkmal der Intertextualität sind zunächst die paradoxen Wendungen, mit denen die Hauptfiguren beider Texte, noch ehe sie zum ersten Mal auftreten, charakterisiert werden. Der Einführung des Kohlhaas als einen „der rechtschaffensten zugleich und entsetzlichsten Menschen" entspricht bei Süskind die Charakterisierung Grenouilles als „zu den genialsten und abscheulichsten Gestalten" gehörig. Beide Texte pointieren die Aussage durch die superlativische Zuspitzung „rechtschaffensten", „entsetzlichsten", „genialsten", „abscheulichsten" und den Bezug auf die jeweilige „Zeit" oder bei Süskind „Epoche". Anschließend scheinen sich die beiden Texte zwar etwas zu entfernen, weisen aber doch eine ganz ähnliche argumentative Struktur auf. Michael Kohlhaas, so wird gesagt, hätte als „Muster eines guten Staatsbürgers" in die Erinnerung der Nachwelt eingehen können, wenn er nicht in einer Tugend, dem Rechtsgefühl, „ausgeschweift hätte". Dem entspricht bei Süskind die ironisch abgewandelte Aussage, Grenouilles Ruhm als geniales Scheusal könne auch heute noch überdauert haben, wenn er seinen Ehrgeiz nicht im „flüchtigen Reich der Gerüche" entwickelt hätte. Spielerisch greift Süskind die Schlüsselformulierungen seines Ausgangstextes auf und übernimmt oder verwandelt sie. Aus der „Zeit" wird die „Epoche", aus dem „guten Staatsbürger" das „geniale Scheusal", aus der „Furcht Gottes" die „Gottlosigkeit", aus dem „Andenken" die „Vergessenheit".

Strukturelle Entsprechungen

Auch den Text ordnende Merkmale hat Süskind wie beiläufig übernommen: So wird, an jeweils ähnlicher Stelle, das Fazit des Absatzes durch die zusammenfassenden Partikel „kurz" eingeleitet, die jeweiligen Schlusssentenzen sind in vergleichbarer Weise rhythmisiert.

„Michael Kohlhaas" als Bezugsrahmen

Angesichts dieser ironisch verfremdeten Mischung von Übernahme und Modifikation einzelner Wendungen und Strukturmomente lässt sich von einfachem Abschreiben aus dem Kleistschen Novellentext nicht sprechen. Hier wird vielmehr auf mancherlei Weise, mit Witz und Ironie, ein historischer Bezugsrahmen hergestellt. Zum einen übernimmt dieser Bezugsrahmen die Funktion, dem Erzählanfang ein historisches Gewicht und einen Anstrich von Authentizität zu verleihen. Die enge Anlehnung an die geschichtlich verbürgte und literarisch bekannte Gestalt des Michael Kohlhaas gibt auch dem geschichtslosen, weil dem „flüchtigen Reich der Gerüche" verbundenen Grenouille einen literarischen Stammbaum. Schließlich schwingen die berühmten Sätze der Kleistschen Vorlage beim Lesen von Süskinds Romaneröffnung mit und erwecken Erwartungen. Zum andern lädt ein solcher intertextueller Bezugsrahmen den Leser ein, nach gedanklichen Bezügen und Motiventsprechungen in den beiden Texten zu suchen. Hier bietet Kleists Gestaltung des Michael-Kohlhaas-Stoffs eine Fülle von vergleichbaren Aspekten: Zunächst wird Michael Kohlhaas, unbescholtener Pferdehändler und tugendsamer Hausvater, erst durch erlittenes Unrecht und beständige Demütigung in seinem Rechtsempfinden so verletzt, dass er bei seinem Handeln alle moralischen Bedenken außer Acht lässt. Er brennt Teile der Stadt Wittenberg nieder, bringt Angst und Tod über weite Teile der Bevölkerung Sachsens und büßt sein Streben nach Gerechtigkeit schließlich mit dem Tod auf dem Schafott. Süskind verweist durch die intertextuellen Bezüge aber nicht nur auf die grundsätzliche Vergleichbarkeit des Grenouilleschen Schicksals mit dem des historischen Ahnherrn Michael Kohlhaas, er übernimmt von Kleist auch eine Reihe von Motiven, um den intertextuellen Bezug im Verlauf des Romans präsent zu halten. Wenn beispielsweise Grenouille in seinen Träumen auf dem Plomb du Cantal mit „weitausgespannten Flügeln" in seine Seele zurückfliegt, um sich vom „Doppelamt des Rächers und Weltenerzeugers" (S. 163) zu erholen, wird mit diesem Bild des Racheengels ein deutlicher Bezug zu Michael Kohlhaas hergestellt, der sich als „einen Statthalter Michaels, des Erzengels" bezeichnet, „der gekommen sey, [...] mit Feuer und Schwerdt, die Arglist, in welcher die ganze Welt versunken sey, zu bestrafen." (Kleist, Michael Kohlhaas, S. 140 f.) Kohlhaas wird schließlich schon als „Würgengel" (ebd., S. 172) bezeichnet, eine Vorstellung, die Grenouille nach dem großen Bacchanal in Grasse auf Richis überträgt, in dem er plötzlich einen „heranstürzenden Engel", einen „rächende(n) Engel" (vgl. S. 307f.) zu erkennen glaubt. Auch das Motiv des Verschlingens ist, allerdings noch nicht in kannibalischer Zuspitzung, am Ende des „Michael Kohlhaas" bereits vorgeprägt: Auf den Stufen zum Schafott verschlingt Kohlhaas, für alle sichtbar, einen bisher sorgsam in einem Amulett aufbewahrten Horoskopzettel (vgl. Kleist, Michael Kohlhaas, S. 290), dessen Übergabe an den Kurfürsten von Sachsen ihm hätte das Leben retten können. „Michael Kohlhaas" als Textvorlage übernimmt hier somit die Aufgabe, Grenouilles Schicksal auf unterschiedlichen Ebenen mit dem seines literarischen Ahnherrn zu verknüpfen.

Textvorlagen zum Plomb du Cantal

Die intertextuellen Bezüge sind vor allem in jenen Kapiteln besonders dicht und auffallend heterogen, in denen sich Grenouille in der siebenjährigen Einsamkeit des Plomb du Cantal von allen äußeren olfaktorischen Reizen zurückzieht, um seine innere Welt zu erforschen und zu ordnen. Der träumerische Rückzug in die Natur selbst verweist bereits auf namhafte literarische Vorbilder: auf Faust, der zu Beginn des zweiten Tragödienteils durch einen heilenden Schlaf in der Natur zu neuer Lebenskraft findet, und auf Hans Castorp, die Hauptfigur in Thomas Manns Roman „Der Zauberberg", der während eines siebenjährigen Aufenthalts in einem Sanatorium in Davos zu

Sprache der Schöpfungsgeschichte

menschlicher Bildung und Reife gelangt. Gleich auf die Schöpfungsgeschichte greift Süskind zurück, wenn Grenouille in der Einsamkeit seiner Höhle seinen Omnipotenzfantasien als Schöpfer eines „inneren Imperiums" (vgl. S. 158) und Herrscher „in seinem einzigartigen Grenouillereich" (vgl. S. 161) nachgeht. Mit Formulierungen wie: „Und als er sah, daß es gut war" (S. 161) oder: „Da gebot der Große Grenouille Einhalt dem Regen" (S. 162) übernimmt Süskind syntaktisch wie semantisch Formulierungen aus dem ersten Buch Mose. Auch einzelne biblische Motive werden eingearbeitet, wenn Grenouille die üblen Gerüche seiner Kindheit „in einer riesigen reinigenden Sintflut destillierten Wassers" (S. 159) vertilgt oder sein Grenouillereich „mit dem Flammenschwert" (S. 161) zu verteidigen gewillt ist. Doch wird auch der biblische Ausgangstext nicht ohne ironische Wendungen aufgearbeitet. Wie fragwürdig, ja lächerlich Grenouilles Vermessenheit ist, sich mit dem Schöpfer der Welt auf eine Stufe stellen zu wollen, deutet bereits die Sintflut aus lediglich „destilliertem Wasser" an. Ein weiteres Ironiesignal bietet die Formulierung „Und der Große Grenouille sah, daß es gut war, sehr, sehr gut" (S. 162), denn durch den steigernden Zusatz „sehr, sehr gut" wird die erhabene Formulierung überraschend ins Umgangssprachliche heruntergezogen. Wenn Grenouille schließlich am Ende seiner Schöpfungsfantasie „etwas müde geworden ist" und „gähnt" (vgl. S. 162), wird seine Anmaßung endgültig entlarvt.

**Ironische Verfrem-
dungen**

Intertextuelle Bezüge können bei Süskind ganz unterschiedliche Funktionen übernehmen: Sie erstellen einen historischen Rahmen, innerhalb dessen das Geschehen als authentisch legitimiert wird, sie verweisen auf Parallelgeschichten und Parallelschicksale, in jedem Fall aber vermitteln sie dem Leser ein ironisch gebrochenes Déjà-vu-Erlebnis, ein Empfinden des Schon-mal-gelesen-Habens, das ihn dazu anregt, die Regeln dieses intertextuellen Spiels zu entdecken. Dass Süskinds Bezugstexte dabei nicht nur dem klassischen Kanon europäischer Literatur, sondern auch trivialeren Textsorten entnommen sein können, soll an einem abschließenden Beispiel dokumentiert werden:

**Vielfalt der
Bezüge**

Die Männer sind alle Ver-
brecher
Ihr Herz ist ein finsteres
Loch
Hat tausend verschiedne
Gemächer
Aber lieb, aber lieb sind
sie doch!
(Aus der Operette „Wie
einst im Mai", Text von
Rudolf Bernauer und Ru-
dolph Schanzer, Musik von
Walter Kollo und Willi
Bredschneider)

Sein Herz war ein purpur-
nes Schloß. Es lag in einer
steinernen Wüste, getarnt
hinter Dünen, umgeben
von einer Oase aus Sumpf
und hinter sieben steinernen Mauern. Es war nur
im Flug zu erreichen. Es
besaß tausend Kammern
und tausend Keller und
tausend feine Salons, dar-
unter einen mit einem
einfachen purpurnen Ka-
napee, auf welchem Gre-
nouille, der nun nicht
mehr der Große Grenouille
war, sondern Grenouille
ganz privat oder einfach
der liebe Jean-Baptiste,
sich von der Mühsal des
Tages auszuruhen pflegte.
(Parfum, S. 163)

**Signale der Inter-
textualität**

Zu erkennen gibt sich der intertextuelle Bezug
durch eine Reihe wörtlicher Anspielungen und
struktureller Ähnlichkeiten. Der Schlagervers
„Ihr Herz ist ein finsteres Loch" wird mit dem
einleitenden Satz „Sein Herz war ein purpurnes
Schloß" in gleicher Rhythmisierung ($\cup/\cup\cup/\cup\cup/$)
aufgenommen, wobei die Formulierung „finsteres
Loch mit „purpurnes Schloß" semantisch nahezu
in ihr Gegenteil verkehrt ist. Die Übereinstimmungen in Rhythmus, Satzanfang und lautlicher
Gestaltung des Satzendes, der Assonanz auf -o-,
machen es dem Leser aber leicht, hinter der pathetischen Aussage über Grenouilles Herz den bekannten Schlagertext zu entdecken. Überdies folgen, in der genauen Reihenfolge des Ausgangstextes, weitere wörtliche Übereinstimmungen: Das
Bild der „tausend verschiedne(n) Gemächer"
greift Süskind mit den „tausend Kammern" auf
und differenziert die „verschiednen" Gemächer
durch den Zusatz „tausend Keller und tausend
feine Salons". Auch die abschließende Bemerkung, dass die Männer trotz allem „lieb" seien,
taucht in der Feststellung wieder auf, dass der

„Große Grenouille" nun einfach der „liebe Jean-Baptiste" sei. Der Dialog mit dem Schlagertext ist eine Einlassung auf die triviale Variante der schon mit Kleists „Michael Kohlhaas" begonnenen Diskussion über Verbrechen und Verbrecher. Im Schlager wird das Motiv des „Verbrechers" auf der Ebene des erotischen Gesellschaftsspiels behandelt. Pauschal werden alle Männer als undurchschaubare Räuber von Frauenherzen bezeichnet, denen man wegen ihres Charmes aber letzten Endes dennoch verzeiht. In ironischem Kontrast zu Kleist hinterlegt Süskind seinem Text damit eine Operettenfolie, auf der Verbrechertum als letztlich liebenswerte Charaktereigenschaft des Mannes erscheint.

Variation auf trivialer Ebene

Wenn der Literaturkritiker Reich-Ranicki in seiner Rezension des „Parfums" gerade diese Textstelle zitiert und, offensichtlich ohne die intertextuellen Anspielungen erkannt zu haben, kritisch anmerkt, solche Sätze zeugten nicht gerade von „drakonischer Selbstkontrolle" und hinterließen bei Kritikern Stirnrunzeln und Verwunderungen (vgl. FAZ, Nr. 52 v. 2.3.1985), so charakterisiert er damit Süskinds Umgang mit literarischen Vorlagen recht genau. Süskind greift einzelne Motive oder auch ganze gedankliche Zusammenhänge auf, lässt sich aber nicht auf längere, zusammenhängende Zitate ein. Vielmehr „homogenisiert" (vgl. Ryan, S. 94) er literarische Vorlagen, fügt sie in seinen eigenen sprachlichen und gedanklichen Duktus ein, wobei sie durch die wörtliche Übernahme einzelner Schlüsselbegriffe oder sprachlicher wie gedanklicher Strukturen durchaus noch erkennbar bleiben. Des Weiteren sind die intertextuellen Bezüge keineswegs beliebig in den Roman eingestreut, sie sind vielmehr in seinen Aussagekontext integriert und übernehmen jeweils unterschiedliche Funktionen. Zum einen verweisen sie in einem zum Teil recht dichten Netz von Anspielungen auf den klassischen Kanon hoher wie trivialer Literatur und erschließen dem Romantext neue Dimensionen und Facetten. So ist beispielsweise das Motiv des Künstlers als Mörder in E.T.A. Hoffmanns Novelle „Das Fräulein von

Süskinds Umgang mit Textvorlagen

Funktion der Verweise

Scuderi" vorgeprägt, der übersteigerte Geruchsinn und der Umgang mit künstlichen Düften in Joris-Karl Huysmans' Roman „Gegen den Strich". Eine intensive Auseinandersetzung mit Düften und ihren Nuancen findet man schließlich auch in Baudelaires Gedichten „Le flacon" und „Parfum exotique" wieder. Zum andern tritt der Roman durch seine intertextuellen Bezüge, dies zeigen die untersuchten Beispiele deutlich, in einen meist ironischen oder parodistischen Diskurs mit der jeweils herangezogenen literarischen Quelle. Dies ist besonders dort der Fall, wo sich Grenouille in der Einsamkeit des Plomb du Cantal in seine eigene Innerlichkeit zurückzieht. Dann werden alle Ansätze zum Pathos, zu hochtrabenden Gedankengängen als vorgeprägte literarische Versatzstücke, als Griff in den Zitatenschatz der Tradition entlarvt, und die Verherrlichung der Innerlichkeit erweist sich als eitle Pose.

Bewertung der Intertextualität

Süskinds Spiel mit der literarischen Tradition ist bereits in den ersten Rezensionen nach Erscheinen des Romans, wenn auch noch nicht in seinem ganzen Ausmaß, so aber doch grundsätzlich erkannt und hervorgehoben worden. So schreibt beispielsweise Gerhard Stadelmaier in der „Zeit", der Autor Süskind habe sich das methodische Vorgehen des „Duft-Mörders" Grenouille zu Eigen gemacht, Grenouille plündere tote Häute, Süskind tote Dichter („Die Zeit" v. 15. 3. 1985). In ähnlicher Weise zugespitzt urteilt Wolfram Schütte in der „Frankfurter Rundschau", wenn er anmerkt, dieser „höchst bewußte Autor" Süskind habe sich „mit vielen Wassern gewaschen", sein historischer Roman sei „ein parabelhaftes Gedankenspiel, dessen Patchwork gut vernäht" sei („Frankfurter Rundschau" v. 6. 4. 1985). Neben der Bewunderung für Süskinds Einfallsreichtum und stilistische Virtuosität schwingt in Formulierungen wie

Genieästhetische Vorbehalte

„plündern" und „Patchwork" eine unüberhörbare Kritik mit. Noch immer beeinflussen die Grundlagen der Genieästhetik, nach der das Kunstwerk aus einem individuellen, autonomen Schöpfungsprozess hervorgeht, die Bewertung literarischer Texte und bleibt gegenüber der Verarbeitung fremder Textelemente, und sei sie auch noch so kunstvoll, der Vorbehalt des Epigonalen bestehen.

Intertextualität als Programm

Sieht man Süskinds „Parfum" hingegen im Kontext postmoderner Schreibformen, wie es in der Fachwissenschaft zunehmend geschieht, so ist sein Spiel mit vorgeprägten literarischen Mustern als poetisches Stilprinzip zu begreifen. Lässt man sich von der postmodernen Einsicht leiten, dass alles eigentlich schon einmal gesagt und neues Schreiben nur ein kunstvoller Umgang mit Zitaten sein kann, so vermag man diesem Spiel neue ästhetische Dimensionen abzugewinnen. Im Bewusstsein dessen, dass der Drang zur Originalität nur Anmaßung sein kann, tritt der Autor nun in eine bewusste Auseinandersetzung mit seinen Textvorlagen, fasst die Vergangenheit „auf neue Weise ins Auge [...]: mit Ironie, ohne Unschuld", als „Maskerade hoch zwei" (vgl. Umberto Eco, Nachschrift, S. 78 f.). Bei Süskind reicht diese

Pastiche bis Parodie

Maskerade von der Pastiche, der einfachen Nachahmung fremder literarischer Vorbilder, bis zur Parodie, der satirischen, kritischen bis polemischen Umgestaltung der Textvorlage. Für solche Gestaltungsformen hat sich in der Diskussion um die Postmoderne der Begriff der Doppel- oder Mehrfachkodierung durchgesetzt. Ein mehrfach-

Doppel- und Mehrfachkodierung

kodierter Text wie Süskinds „Parfum" ist zum einen als spannend geschriebener, stilistisch bravouröser Unterhaltungsroman zu lesen, der seinem Leser neue sinnliche Dimensionen erschließt. Zum andern lässt er sich aber auch als Zusammenspiel unterschiedlichster Textelemente dechiffrieren, die dem Roman zusätzliche Ebenen der ironischen Verweise, Anspielungen und Auseinandersetzungen einfügen.

5. Die Romanarten

Entwicklungs- und Bildungsroman

Schon kurz nach seinem Erscheinen versucht die Literaturkritik das „Parfum" auch im Hinblick auf seine Zugehörigkeit zu einer bestimmten Romangattung genauer einzuordnen. So bezeichnet Joachim Kaiser dieses „mythenbedachte" und „überraschungsreiche" Werk als „Mischung aus Kolportage, schwarzer Schelmen-Geschichte und fesselndem Künstlerroman" („Süddeutsche Zeitung" v. 28. 3. 1985), Wolfram Schütte sieht darin ein „parabelhaftes Gedankenspiel" im Kostüm eines „historischen Romans" („Frankfurter Rundschau" v. 5. 4. 1985). Aus größerer zeitlicher Distanz deutet Werner Frizen das „Parfum" als „Künstlerroman – in der Maskerade des Kriminalromans", wobei er nebenbei auch noch einen „Hauch von Räuberroman, eine Duftnote Mantel-und-Degen-Romantik, eine starke Prise Kolportage, ein Gran Schauerroman, die starken Reize des Kriminalromans, einen Schuß Fantasy- und einen Extrakt von der Horrorgeschichte" wahrnimmt (vgl. Frizen, S. 79). Spätestens wenn sich das Genie Grenouille hinter der Lebensform des braven Gesellen tarne, so argumentiert Wolfgang Hallet, verweise der Roman „auf seine historischen Vorbilder der Entwicklungs- und Bildungsromane, etwa auf Karl Philipp Moritz' ‚Anton Reiser'" (vgl. Hallet, S. 281). Konzentriert man sich lediglich auf die zentralen Traditionsmuster des Romans, so sind für Süskinds „Parfum" der Entwicklungs- und Bildungsroman, der Künstlerroman und der Kriminalroman als Bezugsgattungen sicherlich unumstritten.

Mit dem Entwicklungs- und Bildungsroman entstand in Deutschland in der zweiten Hälfte des achtzehnten Jahrhunderts eine Romanart, die statt der ausschließlichen Darstellung äußerer Handlungen die innere Entwicklung eines Helden, die Ausbildung, Formung und Vervollkommnung seines Charakters schildert. Nach Werken wie Christoph Martin Wielands „Geschichte des Agathon", in erster Fassung 1766/67 veröffentlicht, und dem zwischen 1785 und 1790 erschienenen „Anton Reiser" von Karl Philipp Moritz gab Goethe 1795/96 mit „Wilhelm Meisters Lehrjahre" für die Gattung des Entwicklungs- und Bildungsromans ein normbildendes Beispiel. Unter dem Aspekt ihrer Form zeichnen sich diese Romane durch ihre Einsträngigkeit, die ausschließliche Zentrierung auf die Entwicklung eines Helden, aus. Unter thematischem Aspekt schildern sie die fortschreitende Selbstfindung des Helden, seinen Reifungsprozess und seine Integration in die Gesellschaft. Auf der Folie eines solchermaßen klassischen, mit Romanen wie Thomas Manns „Zauberberg" weit in unser Jahrhundert hereinragenden literarischen Genres kehrt Süskinds „Bildungsgeschichte" des Jean-Baptiste Grenouille völlig neue Aspekte hervor und erweist sich im postmodernen Sinne als parodistisches Spiel mit großen traditionellen Formen.

Merkmale des Bildungsromans

Liest man Süskinds „Parfum" als Entwicklungs- und Bildungsgeschichte seines Helden Grenouille, so weisen die einzelnen Sequenzen durchaus formale Ähnlichkeiten mit den traditionellen Aufbaumustern des Bildungsromans auf: Umfasst der erste Romanteil die Zeit der Kindheit, der Jugend und der Lehre bei Baldini, so schildert der zweite Teil Grenouilles Wanderjahre von Paris über den Plomb du Cantal und Montpellier nach Grasse und lässt sich der dritte Teil in Grasse als Zeit der Vollendung, als Perfektionierung in der Kunst der Enfleurage deuten, die schließlich in der Herstellung des absoluten Dufts ihren Abschluss findet. Im Einzelnen ist folgendes Entwicklungsschema zu erkennen:

Aufbauschema des Bildungsromans

Entwicklungsschema:

Roman-teile	Stadium	Ziele	Handlungsteile	Kapitel
1. Teil	Kindheit Jugend Lehrjahre	Kampf ums Überleben	Geburt auf dem Fischmarkt von Paris Aufzucht durch Ammen	1 2–5
		Suche nach dem Lebensziel	Ausbeutung durch den Färber Grimal Erster Mädchenmord	6–7 8
		Ausbildung handwerklicher Fähigkeiten	Lehre beim Parfumeur Baldini	9–22
2. Teil	Wanderjahre	Distanz zur eigenen Vergangenheit	Flucht auf den Plomb du Cantal Seelentheater in der Höhle	23–25 26–27
		Suche nach der Identität Äußere Anpassung an die Gesellschaft	Forschen nach eigenem Geruch Aufenthalt beim Marquis de la Taillade-Espinasse	28–29 30–34
3. Teil	Zeit der Vollendung	Herstellung des absoluten Dufts	Perfektionierung in der Kunst der Enfleurage Mord an 25 Jungfrauen und Gewinnung ihres Dufts	35–39 40–48
		Suche nach Liebe und Herrschaft über die Menschen	Verführung der Massen in Grasse	49–50
4. Teil	Selbstzerstörung	Rückkehr zu den Ursprüngen Restlose Beseitigung seiner selbst durch Kannibalisierung	Wanderung nach Paris Auslieferung an das Gesindel	51

So deutlich sich auch in den ersten drei Romantei-
len das klassische Dreierschema des Bildungsromans – und dieser enger gefasste, stärker auf die
historische Tradition bezogene Begriff wird hier
bevorzugt – als Strukturmoment abzeichnet, so
schroff weicht der vierte Teil, die restlose Selbst-
zerstörung des Helden, von allen traditionellen
Verlaufsformen ab. Statt sich seiner selbst und
seiner Aufgaben in der Gesellschaft bewusst zu
werden und sich mit der Welt zu versöhnen, erkennt Grenouille in aller Schärfe die durch nichts
zu kompensierende eigene Unzulänglichkeit. Der
gelungenen Selbstfindung des Helden in einem
Roman wie „Wilhelm Meister" stehen hier die
Selbstaufgabe und der Selbstverlust in radikalster
Form gegenüber. Diese den Roman beschließende
Selbstvernichtung des Helden durch eine bewusst
herbeigeführte Kannibalisierung, ein Verschwinden „in jeder Faser" (S. 320), lässt sich im Sinne
postmodernen Spielens mit traditionellen Erzähl-
mustern als Parodie auf das Genre des Entwick-
lungs- und Bildungsromans deuten.

Liest man den Roman vor dem Hintergrund der
Tradition des deutschen Bildungsromans, so ist
bereits von den ersten Seiten an ein ironisch-paro-
distischer Dialog mit diesem klassischen Genre erkennbar. Während Wilhelm Meister in einem Brief
an seinen Jugendfreund Werner über seine Lebensziele schreibt: „Mich selbst, ganz wie ich da
bin, auszubilden, das war dunkel von Jugend aus
mein Wunsch und meine Absicht" (5. Buch, 3.
Kap.), konzentriert sich der von Geburt an boshafte, überlebensstarke Grenouille mit genialer
Monomanie nur auf einen einzigen seiner Sinne:
den Geruchssinn. Ganz offenkundig stehen damit
Grenouilles Ursprung und seine weitere Entwicklung in einem ironischen Kontrast zur Tradition
des Bildungsromans: Wenn der Philosoph Wilhelm
Dilthey 1906 den deutschen Bildungsroman in der
Nachfolge des „Wilhelm Meister" als eine Gattung
beschreibt, die den jungen Menschen jener Tage
zeige, „wie er in glücklicher Dämmerung in das
Leben eintritt, nach verwandten Seelen sucht, der
Freundschaft begegnet und der Liebe, wie er nun

aber mit den harten Realitäten der Welt in Kampf gerät und so unter mannigfachen Lebenserfahrungen heranreift, sich selber findet und seiner Aufgabe in der Welt gewiß wird" (vgl. Dilthey, S. 272), so wirkt bereits die Kindheit Grenouilles als Karikatur der Diltheyschen Beschreibung: statt „verwandter Seelen" und „Freundschaft" Feindschaft, Mordversuche und rücksichtslose Ausbeutung.

Frauen als „Bildungserlebnis"

Auch für Grenouille stellt die Begegnung mit den Frauen ein wichtiges Bildungserlebnis dar, allerdings nicht im Sinne Goethes oder Diltheys. Zu dem rothaarigen Mädchen aus der Rue des Marais fühlt sich Grenouille mit allen Anzeichen der Erregung wie unter einem Bann stehend hingezogen, ungeahnte Glücksgefühle überkommen ihn. Einziges Ziel seiner Annäherung ist jedoch das Einatmen ihrer Dufttopografie, alle dabei störenden Akzidentien werden beseitigt. Erst der gefühllose Mädchenmord verhilft Grenouille zu jenem „Heranreifen", das ihn von einer „animalischen Existenz" (vgl. S. 57) zum Bewusstsein seiner selbst verhilft. Zitternd vor Glückseligkeit fühlt sich Grenouille wie neu geboren, wird sich seiner Genialität und seines Lebensziels bewusst und ordnet seine Geruchserinnerung am Maßstab des neu gewonnenen Dufts. Dass hier eine Parodie klassischer Bildungserlebnisse gestaltet ist, zeigt nicht zuletzt die sprachliche Nähe zur Bildungsromantradition und ihrer poetologischen Überhöhung: Von „Kenntnis seiner selbst", vom Wissen darum „wer er wirklich sei", vom „Kompaß für sein künftiges Leben" (S. 57) ist hier die Rede, pathetische Formulierungen also, die denen Diltheys bereits sehr nahe kommen. Auch die Begegnung mit dem Duft der ebenfalls rothaarigen, zu Sommersprossen neigenden Laure Richis in Grasse gibt Grenouilles Leben eine neue Zielrichtung. In ähnlicher Weise erregt und angezogen, in Wonne wie Schrecken versetzt, plant der inzwischen erfahrenere Grenouille die systematische Erweiterung seiner handwerklichen Fähigkeiten unter dem Deckmantel einer unauffälligen Existenz als Parfumeursgeselle.

Auch die begeisterte Beschäftigung mit dem Theater, die im Bildungsprozess Anton Reisers und Wilhelm Meisters einen wichtigen Stellenwert einnimmt, findet in der Beschreibung von Grenouilles Lebensweg eine parodistische Abwandlung. Grenouille, der proletarische Zeitgenosse Anton Reisers und Wilhelm Meisters, erlebt Theater zunächst in seiner Grotte auf dem Plomb du Cantal als „inneres Welttheater" (vgl. S. 159) oder als „Seelentheater" (vgl. S. 168). Aber schon zu Beginn dieser Textpassage wird deutlich, dass das in parodistischer Form verinnerlichte Theater Grenouilles ähnlich kompensatorische Funktionen übernimmt wie das Theaterspiel seiner Zeitgenossen. Grenouille erlebt hier intensivste Ausschweifungen, wie sie nie einem „Lebemann draußen in der Welt" (S. 158) widerfahren sind, durchlebt die gewaltigsten Gefühle und kann seinen „angestauten Haß" mit „orgastischer Gewalt" (vgl. S. 159) aus sich hervorbrechen lassen. Er entwirft sich ein inneres Imperium, ein „Reich" (S. 161), in dem er nicht nur die unumschränkte Herrschaft übernimmt, sondern wie ein Gott auch über die Natur befiehlt. Was Grenouille hier erhält, lässt sich nur als eine Parodie auf alle Bildungserlebnisse der Romantradition deuten: In wahnhaften Allmachtsfantasien seines inneren Welttheaters bereitet sich der Romanheld auf seine später ausgeübte, zynisch erlebte Herrschaft über die Menschen vor.

Der Aufenthalt des bürgerlichen Helden am Adelshof ist ein durchgehendes Handlungselement im deutschen Bildungsroman von Goethes „Wilhelm Meister" bis hin zu Gottfried Kellers „Grünem Heinrich". Auch dieses traditionelle Handlungselement des Bildungsromans verkehrt Süskind ins Parodistische. Wenn der Marquis de la Taillade-Espinasse, dem Grafen im „Wilhelm Meister" durchaus vergleichbar, Grenouille zum Theaterspiel animiert, so verfolgt er mit der Rücksichtslosigkeit des Fanatikers seine eigenen Interessen und verdinglicht Grenouille zum „Demonstrationsobjekt" in der Aula der Universität, immerhin aber auch gegen „ein gutes Stück Geld"

(S. 180). Die Bildung, die der Hof des Marquis seinem Schützling angedeihen lässt, beschränkt sich auf eine prunkvolle Garderobe und ein kleines Repertoire anmutiger Bewegungen, um die Täuschung der wissenschaftlichen Öffentlichkeit perfekt zu machen. Nichts deutet andererseits darauf hin, dass Grenouille dem Marquis Achtung entgegenbrächte. Vielmehr lässt er sich unbeeindruckt in die Pläne des Marquis einführen und scheinbar willenlos vorführen. Ein Egozentriker profitiert hier von der Egozentrik des anderen. Tatsächlich kommt dem Aufenthalt des Helden am Adelshof aber insofern eine nicht geringe Bedeutung zu, als Grenouille hinter der Schauspielinszenierung des Marquis, in seinen wahren Absichten gut getarnt, seine eigenen Pläne verfolgen kann. In ihrer vordergründigen Handlung eine Parodie auf adlige Bildung, verhilft diese Episode Grenouille zu einer olfaktorischen menschlichen Identität, die, wenn auch künstlich, Voraussetzung für die Formulierung weiterer Lebensziele ist.

Grenouilles heimliche „Bildung"

Monomane Ausbildung

Der in Süskinds Roman geschilderte Lebensweg des Helden Grenouille ist eine Parodie auf klassische Bildungsvorstellungen, ein ironisches Spiel mit typischen Strukturmomenten des Bildungsromans. An die Stelle einer ganzheitlichen Bildung tritt die monomane Ausbildung eines einzelnen Sinnensystems, wird die Welt fast ausschließlich olfaktorisch erfasst. Die Kommunikationsfähigkeit mit anderen Menschen beschränkt sich auf jenes minimale Maß, das nötig ist, um die banalsten Bedürfnisse zu befriedigen. Unfähig ist Grenouille zu Menschenliebe und Sexualität, Morde vollbringt er ohne die geringsten Skrupel, begriffliches Denken liegt ihm fern, Anteilnahme an gesellschaftlichen und politischen Ereignissen findet nicht statt. Weit entfernt von einem ausgewogenen Bewusstsein seiner selbst, der Tugend der Selbstbegrenzung, neigt Grenouille, beflügelt durch seine parfümistische Genialität, zu einer Überheblichkeit, die sich im weiteren Verlauf des Romans zu einem blasphemischen Größenwahn steigert. Eine Integration Grenouilles in die Gesellschaft, wie sie im klassischen Bildungsroman dem Helden glückt, findet im „Parfum" nicht statt. Im Gegenteil: da Grenouilles Lebensplan scheitert, steht am Ende die Selbstvernichtung des Helden.

Schließlich ist ein weiteres Strukturmoment des Bildungsromans darin zu sehen, dass der Held an entscheidenden Stellen seines Lebenswegs inne- hält und über seinen erreichten Bildungsstand re- flektiert. Auch dieses Element übernimmt Süs- kind mit gelegentlichem ironischem Bezug auf die literarische Tradition. Zum einen neigt Grenouille in emotional besonders herausgehobenen Momen- ten, in Situationen höchsten Glücksempfindens wie auch des Lebensüberdrusses, zu Bestandsauf- nahmen und neuen Zielformulierungen. So ordnet er unmittelbar nach dem ersten Mädchenmord sein inneres Duftsystem neu und fasst den Vor- satz, größter Parfumeur aller Zeiten zu werden (vgl. S. 57 f.). Dem entspricht nach dem letzten Mord, der Tötung Laure Richis, eine von „Demut und Dankbarkeit" geprägte Rückschau auf ein- zelne Stadien seiner Entwicklung (vgl. S. 277– 279). Weitere Glücksmomente erlebt Grenouille bei einer Hochzeit im Dom Saint-Pierre, wo sich sein Plan konkretisiert, der „omnipotente Gott des Duftes" zu werden (vgl. S. 198–200), und auf dem Höhepunkt seines Triumphes am Hinrich- tungsplatz in Grasse, wo alle bisherigen Glücks- empfindungen in Ekel und Hass umschlagen (vgl. S. 304–306). Zum andern werden mit Reflexionen über den erreichten Entwicklungsstand und die geplanten Lebensschritte auch jene Stellen her- vorgehoben, an denen längere Entwicklungspha- sen abgeschlossen oder neue eingeleitet werden. So macht sich Grenouille am Ende seiner Lehrzeit bei Baldini bewusst, dass er mit dem Parfumeurs- handwerk keinen bürgerlichen Geldberuf anstre- be, sondern seine innersten Vorstellungen ver- wirklichen wolle (vgl. S. 139 f.). Die überraschende Duftspur Laure Richis schließlich inspiriert Gre- nouille zu einer strategisch genau geplanten Ver- vollkommnung seiner handwerklichen Fähigkei- ten (vgl. S. 218 f.).

Wie Süskind gerade auch solche Reflexionspassa-

Reflexionen über Bildungsstand

Rückschau in Glücks- momenten

Zielfindung an Wendepunkten

gen zu einem parodistischen Spiel mit der klassisch-romantischen Romantradition nutzt, zeigt
Grenouilles dankbare Würdigung seines Lebens
am Bett der erschlagenen Laure Richis. In dieser
Situation bilden sich „in seinem düsteren Hirn
fast heitere Gedanken" (S. 278), und die wichtigen
Stationen seines Lebens ziehen in rosiger Färbung
an ihm vorbei. „Ja es schien ihm, wenn er so zurückdachte", so fasst er schließlich seine Erinnerungen zusammen, „daß er ein vom Glück besonders begünstigter Mensch sei und daß sein Schicksal ihn auf zwar verschlungenen, doch letzten
Endes richtigen Wegen geführt habe" (S. 278).
Hier beschönigt Grenouille am Bette seines letzten
Opfers seine Mörderkarriere als begnadete,
schicksalhafte Fügung und entlehnt den gedanklichen wie sprachlichen Duktus seiner Reflexion in
auffallender Weise den klassischen und romantischen Vorbildern.

Künstler- und Kriminalroman

Dass Grenouilles Methode, den Duft junger Mädchen zu destillieren, gleichzeitig auch die Schreibstrategie des Erzählers Süskind sei, dass Grenouille tote Häute plündere, Süskind dagegen tote
Dichter, dieser ironische Vergleich Gerhard Stadelmaiers (vgl. Stadelmaier, „Die Zeit" v. 12.–15.
März 1985) zählt zu den viel zitierten und häufig
kommentierten Pointen der Literaturkritik. Das
Plündern erweist sich bei genauem Hinsehen allerdings nicht als wahlloses Ausschlachten, sondern eher als ein ironisch-parodistisches Spiel mit
dem traditionellen Schulkanon klassisch-romantischer Werke und mit historisch geprägten literarischen Gattungen. In diesem Kontext ist es auch
zu sehen, wenn Süskind typische Form- und
Handlungselemente des Künstler- wie des Kriminalromans aufgreift und neu gestaltet.

Der parodistische Dialog mit dem Künstlerroman
als einer dem Bildungs- und Entwicklungsroman
eng verwandten epischen Gattung ist schon inso

fern nahe liegend, als seine historischen Ursprünge ebenfalls in die Epoche Grenouilles zu datieren sind. Um die Mitte des achtzehnten Jahrhunderts verändert sich in einer bürgerlichen Abgrenzungsbewegung von der Kultur des Adels das bisherige Künstlerbild. Gegen den sich an traditionellen Stoffen und Regeln orientierenden, sich eher als Handwerker begreifenden Künstler richtet sich nun die Vorstellung von dem aus sich selbst schöpfenden, sich seine Regeln neu erschaffenden Künstler, der den Begriff des Genies für sich beansprucht. Die Unvereinbarkeit von genialem Künstlertum und bürgerlichem Leben war schließlich ein zentrales Thema der Romantik, vor allem des Schriftstellers, Musikers und Juristen E.T.A. Hoffmann. Die Erzählung „Das Fräulein von Scuderi", 1819 im Rahmen des Erzählzyklus „Die Serapions-Brüder" erschienen, ist denn auch einer der zentralen Texte, zu dem Süskinds Roman mit der Figur des genialen Parfumeurs Grenouille in eine enge Beziehung tritt.

Genie statt Handwerker

Das Fräulein von Scuderi, eine in Paris zur Zeit Ludwigs XIV. lebende bekannte Schriftstellerin, wird in dieser Künstler- und Kriminalgeschichte in eine Serie nächtlicher Morde verstrickt, zu deren Aufklärung sie aufgrund ihres Ansehens und ihrer Besonnenheit beiträgt. Täter ist der für die hohe Perfektion seines Schmucks weit über Paris hinaus bekannte Goldschmied René Cardillac. Die geniale Kunstfertigkeit, mit der er seine Produkte entwirft und bearbeitet, führt nämlich dazu, dass er sich von seinen Kreationen nur unter tiefsten seelischen Qualen trennen kann. So lauert er des Nachts den Käufern seiner Geschmeide auf, ersticht sie und erobert sich den verfertigten Schmuck zurück. Die Handlung setzt im Jahre 1680 ein, als Cardillac selbst in seiner Wohnung erstochen aufgefunden und sein Gehilfe Olivier zu Unrecht des Mordes verdächtigt wird.

Cardillac als Ahnherr

Wenn zu Beginn des „Parfums" der Held Grenouille als zu den „genialsten und abscheulichsten Gestalten" (S. 5) seiner Epoche gehörig eingeführt wird, so liegt dieser Formel neben dem Erzählanfang von Kleists „Michael Kohlhaas" auch E.T.A.

Intertextuelle Bezüge

Hoffmanns „Fräulein von Scuderi" als Textfolie zugrunde: Dort wird der Goldschmied Cardillac in einem ähnlich superlativisch zugespitzten Kontrast als „einer der kunstreichsten und zugleich sonderbarsten Menschen seiner Zeit" (vgl. Hoffmann, S. 22) vorgestellt. Damit werden bereits zu Beginn der Handlung die beiden wichtigsten, die Künstlerhandlung tragenden und für deren Dynamik verantwortlichen Wesensmerkmale der Hauptfiguren hervorgehoben: ihre Genialität und ihre Absonderlichkeit beziehungsweise ihre moralische Verwerflichkeit.

Angeborene Genialität

Der im achtzehnten Jahrhundert entwickelten Genievorstellung entsprechend, deuten sowohl Hoffmann als auch Süskind die geniale Fähigkeit ihres Helden als angeboren, wobei allerdings in mehr oder weniger starkem Maße parodistische Verzerrungen mit im Spiel sind. Cardillac führt seine zwanghafte Leidenschaft für Gold und Juwelen auf ein pränatales Erlebnis zurück: Seine Mutter gibt sich während ihrer Schwangerschaft, erregt von der Schönheit einer Brillantenkette, dessen Träger hin, der allerdings noch während der Liebesbegegnung vom Schlag getroffen stirbt. Beides wird in diesem traumatischen Erlebnis der Mutter manifest: die Leidenschaft für glänzenden Schmuck wie das Übertreten gesellschaftlicher Schranken. Die Schrecken dieses Augenblicks hätten ihn im Mutterleib getroffen, so deutet Cardillac die Affäre (vgl. Hoffmann, S. 55) und leitet davon seine frühkindliche Passion für Diamanten und Goldgeschmeide, aber auch sein fehlendes Unrechtsempfinden ab. Schon als Kind begabt, echten von falschem Schmuck untrüglich zu unterscheiden, stiehlt er, was ihm ins Auge sticht. Im Grundmuster ähnlich, parodistisch aber krasser zugespitzt, motiviert Süskind die geniale olfaktorische Begabung seines Helden. Das Geruchsgenie wird am geruchsintensivsten Ort von ganz Frankreich, auf einem Pariser Fischmarkt geboren. Zu den Fischabfällen geworfen, muss er sich gegen einen Kindesmord wehren. So entwickelt auch Grenouille eine frühkindliche geniale Fähigkeit, Düfte zu unterscheiden und zu speichern, sich

Angeborene Kriminalität

Grenouilles olfaktorische Genialität

ausschließlich in der olfaktorischen Welt zu entfalten und Verbrechen ohne einen Anflug von Schuldbewusstsein oder Reue zu begehen. Die weitere Entwicklung seiner Genialität ähnelt ebenfalls der Cardillacs: Fügt Cardillac aus den unscheinbarsten Steinen, besessen von seiner Arbeit, ein unvergleichliches Meisterwerk, so mischt auch Grenouille aus den alltäglichsten Essenzen ein einzigartiges Parfum. Arbeitet Cardillac allein aus gestalterischer Leidenschaft und verachtet dabei das Geld, so beschließt auch Grenouille am Ende seiner Lehre, mit seiner Kunst keinesfalls „das große Geld" (S. 140) machen zu wollen.

Beiden Künstlern, Cardillac wie Grenouille, haftet als Schattenseite der Genialität das Dämonische an. Bei Cardillac werden die verstörten Gesichtszüge hervorgehoben, ein „häßliches Lächeln", das „auf seinem roten Antlitz gleißt" (vgl. Hoffmann, S. 26), ein „verwilderter Blick" (vgl. Hoffmann, S. 27). Wo er sein Unwesen treibt, wähnt man den Teufel mit im Spiel (vgl. S. 16, 28), selbst das aufgeklärt denkende Fräulein von Scuderi sieht in dem von Cardillac erhaltenen Schmuck einen „höllischen Talisman des Bösen" (vgl. Hoffmann, S. 31). „Wie der Teufel" (Hoffmann, S. 24) lacht Cardillac aus dem Fenster heraus und scheint auch noch steinerne Hofmauern zu durchschreiten (vgl. Hoffmann, S. 16). Dem „häßlichen Lächeln" Cardillacs entspricht bei Grenouille ein „häßliches, zynisches Grinsen" (S. 304), und die Anspielungen auf das Teuflische werden von Süskind zu einem vielfältig variierten Motiv ausgestaltet. Dass Grenouille vom Teufel besessen sei, behauptet bereits die Amme Bussie (vgl. S. 14), dass er „das zweite Gesicht" (S. 37) besitzen müsse, mutmaßt Madame Gaillard; nach einem Sturz in den Brunnen verbleibt ihm ein „leicht verkrüppelter Fuß, der ihn hatschen machte" (vgl. S. 27), ein untrügliches Merkmal traditioneller Teufelsbilder. Als es der Grasser Polizei später nicht gelingt, den vielfachen Mädchenmörder zu enttarnen, wähnt man ihn ebenfalls mit dem Teufel im Bunde, veranstaltet Teufelsmessen

Dämonie als Schattenseite

Teufelsmotiv im „Parfum"

(vgl. S. 283) und als schließlich sein Hinken auffällt, zweifelt niemand mehr an seiner Identität mit dem Satan (vgl. S. 285 ff.).

Unversöhnbarkeit von Kunst und Leben

In E.T.A. Hoffmanns „Fräulein von Scuderi" wird der romantische Gegensatz zwischen Kunst und Leben – in Goethes „Wilhelm Meister" ·noch zugunsten des Lebens harmonisiert – in seiner ganzen Unversöhnlichkeit zugespitzt. Die asoziale Wesensstruktur des Künstlers Cardillac äußert sich nicht nur in einer Unfähigkeit, sich in die bestehende Gesellschaft mit ihren Konventionen zu integrieren, sondern in einer Menschenfeindlichkeit, die bereits Züge einer krankhaften Ichbezogenheit trägt (vgl. Schmidt, Bd. 2, S. 37). Seine Kunstwerke sind so sehr Teil seiner selbst, dass die Trennung von ihnen schwere psychische Störungen verursacht. Um seine Identität als Künstler zu bewahren, bedarf es des nachträglichen Raubs und damit des gezielten Mords. Nach dem Mord gewinnt Cardillac seine verlorene Identität zurück und empfindet „eine Ruhe, eine Zufriedenheit in meiner Seele, wie sonst niemals" (Hoffmann, S. 58).

Mord als Teil des Künstlertums

Vor der Folie dieses Ahnherrn Cardillac ist es nicht verwunderlich, dass auch Grenouille nach seinen Morden von ungeahnten Glücksgefühlen überwältigt wird (vgl. S. 57), dass ihn einmalige Empfindungen des Wohlseins, des Einsseins mit sich selbst (vgl. S. 277 f.) erfüllen. Ist dem nächtlichen Mörder Cardillac die Verwerflichkeit seines Tuns zumindest bewusst, so entwickelt Grenouille, dem jegliches moralisches Denken fremd ist, keinerlei ersichtliche Schuldgefühle. In seinem innersten Wesen außerhalb jeglicher Gesellschaftsordnung lebend, findet er seine Identität in der Ordnung seiner olfaktorischen Welt und in der Entwicklung neuer Duftideen. Im Lebenskonzept eines solchen Genies ist der Mord ein Arbeitsinstrument unter vielen und fest in den Schaffensprozess eingegliedert. So erlebt Grenouille bei der Ermordung seines letzten, seines höchsten Mädchenopfers Laure Richis nur den Schlag der Keule als unangenehmes, weil störendes Geräusch (vgl. S. 275). Gegenüber E.T.A. Hoffmanns „Fräulein von Scuderi" führt Süskind den Konflikt zwischen Kunst und Leben, zwischen Genie und Wahnsinn jedoch im postmodernen Sinne weiter. Muss Cardillac mit seinen Morden zwanghaft seine Identität als Künstler wiederherstellen, tötet Grenouille, um sich erst einmal eine menschliche Identität zu schaffen.

Kunst als Demagogie

Schließlich geht Grenouilles genialischer Kunstanspruch noch einen entscheidenden Schritt weiter. Die von Natur aus zu kurz gekommene, deklassierte und auralose Existenz verschafft sich durch ihre Genialität und übermenschliche Ausdauer nicht nur eine eigene Identität, sie realisiert auch ihren Traum, die von ihr gehassten Menschen zu verführen und zu beherrschen. Kunst als Herrschaftsinstrument: dies ist sicherlich das zentrale Thema des als Künstlerroman gelesenen „Parfums". So ist es nur konsequent, wenn eine solchermaßen überfrachtete Kunst an ihren Ansprüchen schließlich scheitert. Grenouille muss jedoch im Augenblick seines Triumphes erkennen, dass er bei der Entwicklung seiner demagogischen Strategie seine eigene Gefühlswelt falsch eingeschätzt hat: Angetan mit seinem genialen Meisterwerk, „dem Parfum, das vor den Menschen beliebt macht, mit dem Parfum, an dem er zwei Jahre lang gearbeitet hatte, dem Parfum, das zu besitzen er sein Leben lang gedürstet hatte", steigt „der ganze Ekel vor den Menschen wieder in ihm auf und vergällte ihm seinen Triumph so gründlich, daß er nicht nur keine Freude, sondern nicht einmal das geringste Gefühl von Genugtuung verspürte." (S. 305) Damit scheitert Grenouilles geniales Künstlertum: Sein demagogisches Ziel hat er erreicht, aber seine gänzliche Andersartigkeit wird ihm nur allzu deutlich bewusst.

Scheitern an der eigenen Gefühlswelt

Süskinds postmodernes Spiel mit den Versatzstücken des Kriminalromans greift sowohl auf den Detektivroman als auch den Thriller zurück, parodiert ebenso detektorische Reflexion wie die Paradoxien der Flucht. Allerdings sind bei aller kriminalistischer Maskerade dem Leser der Täter und seine Motive bekannt.

Detektivroman und Thriller

Wie auch E.T.A. Hoffmann zu Beginn des „Fräu-

lein von Scuderi" eine Situation aufbaut, in der
eine ganze Stadt durch eine Serie von Morden in
Angst und Schrecken gehalten wird (vgl. Hoff-
mann, S. 8 ff.), so schildert Süskind in konsequen-
ter Außensicht die panischen Reaktionen der
Grasser Bürger angesichts der nicht abreißenden
Kette von Mädchenmorden. Typische Motive des
Kriminalromans tauchen auf: Der Täter scheint
„unfaßbar, körperlos" (S. 250) zu sein, er dringt in
Häuser, in verschlossene Kammern im fünften
Stock ein, ohne dass die Hunde anschlagen (vgl.
S. 250). Nahe liegende Motive wie sexueller Miss-
brauch der Opfer bestätigen sich nicht. Dies steigert den Schrecken der Bevölkerung, da der Täter
sich damit aller Berechenbarkeit entzieht. In die-

ser desolaten Situation wird als Detektivfigur Antoine Richis eingeführt, und für einige Kapitel
spielt Süskind mit den Elementen des Detektivro-
mans. Zu seiner Detektivarbeit berufen fühlt sich
Richis durch seine fast schon ans Inzestuöse gren-
zende Liebe zu seiner Tochter Laure, die in das
Gestaltschema der Opfer nicht nur passt, sondern
dessen „Schlußstein" (S. 259) wäre. In einem aus-

führlich dargestellten analytischen Reflexionspro-
zess nähert sich der Detektiv Richis der Strategie
des Täters bis auf wenige Schritte.

Nach der aus Richis Sicht erfolgreichen Aufde-
ckung beginnt der Roman nun, mit den Hand-
lungs- und Darstellungselementen des Thrillers
zu arbeiten. Doch die sich jetzt anschließende Ver-
folgungsjagd ist in mehr als einer Hinsicht ein
parodistisches Spiel mit diesem Genre: Nicht den
Täter zu verfolgen und dingfest zu machen, ist das
Ziel des Detektivs Richis, er selbst übernimmt die
Rolle des Fliehenden, um sich trotz all seiner klug
ausgedachten Finten von dem ihn verfolgenden
Täter einholen zu lassen.

Schließlich ist als ironische Verkehrung der Rollen
der verfolgende Täter Grenouille noch vor dem
fliehenden Detektiv Richis am Tatort in La Napoule (vgl. S. 270) und Richis hat als Gipfel der
Ironie noch die Gelegenheit, bei einer Begegnung
mit dem Täter sich von dessen vermeintlicher
Harmlosigkeit zu überzeugen (vgl. S. 270 f.). Die

Paradoxie des Fluchtgeschehens findet schließlich im Gasthaus von La Napoule ihren Kulminationspunkt. Im verschlossenen Zimmer eines einsamen Landhauses, auch dies ein klassischer Tatort der Kriminalliteratur, wird Laure Richis ermordet, während ihr Vater, sich am Ende seiner kriminalistischen Arbeit wähnend, in tiefen Schlaf gefallen ist.

Liest man das „Parfum" vor der Folie traditioneller Romanarten wie des Entwicklungs- und Bildungsromans, so wird deutlich, dass Süskind nicht etwa nur erfolgreiche Gattungen der literarischen Tradition ausbeutet, sondern dass hier mit bekannten Versatzstücken ein ironisches Spiel, eine Art Maskerade inszeniert wird. Es spricht für die Qualität des Romans, dass solche Handlungsstereotypen wie die des Kriminalromans im neuen Kontext der „Geschichte eines Mörders" neue Funktionen übernehmen. Vordergründig für Spannung sorgend, entwickeln sie durch ihre intertextuelle Vernetzung im Hintergrund eine Fülle neuer Deutungsfacetten: Ein ironischer Kommentar des Autors wird sichtbar und das Geschehen offen für parodistische, ja paradoxe Effekte.

Spiel mit Versatzstücken

6. Ausgewählte Literatur

Textausgaben

Süskind, Patrick: Das Parfum. Die Geschichte eines Mörders. Zürich: Diogenes 1985

Kleist, Heinrich von: Michael Kohlhaas. Sämtliche Werke, Berliner Ausgabe Bd. II/1. Frankfurt a.M.: Stroemfeld 1990

Hoffmann, E.T.A.: Das Fräulein von Scuderi. Erzählung aus dem Zeitalter Ludwig des Vierzehnten. Stuttgart: Reclam 1976

Zu Süskinds „Parfum" allgemein

Frizen, Werner: Das gute Buch für jedermann oder Verus Prometheus. Patrick Süskinds Das Parfum. In: Deutsche Vierteljahresschrift für Literaturwissenschaft und Geistesgeschichte, 68. Jg., 1994, LXVIII. Bd., S. 757–786

Frizen, Werner / Spancken, Marilies: Patrick Süskind *Das Parfum*. München: Oldenbourg 1996

Hallet, Wolfgang: Das Genie als Mörder. Über Patrick Süskinds „Das Parfum". In: Literatur für Leser, Jg. 1989, Heft 1, S. 275–288

Zur Thematik

Beer, Ulrich / Naujokat, Gerhard: Führen in Deutschland. Massenpsychologie zwischen Manipulation und menschlicher Verantwortung. Moers: Brendow 1986

Canetti, Elias: Masse und Macht. Frankfurt a.M.: Fischer Taschenbuch 1980

Corbin, Alain: Pesthauch und Blütenduft. Eine Geschichte des Geruchs. Berlin: Wagenbach 1984

Farge, Arlette: Familienehre und Familiengeheimnisse. In: Ariès, Philippe / Duby, Georges (Hg.): Geschichte des privaten Lebens, Bd. 3: Von der Renaissance zur Aufklärung. Frankfurt a.M.: S. Fischer 1991, S. 573–609

Jellinek, Paul: Die psychologischen Grundlagen der Parfümerie. 4., stark erweiterte Auflage, hrsg. von J. Stephan Jellinek. Heidelberg: Hüthig 1994

Kant, Immanuel: Anthropologie in pragmatischer Hinsicht. In: Ders.: Werke in 6 Bänden, hrsg. v. Wilhelm Weischedel, Bd. VI. Darmstadt: Wiss. Buchges. 1964

Mercier, Louis-Sébastian: Tableau de Paris. Bilder aus dem vorrevolutionären Paris. Zürich: Manesse 1990

Mitscherlich, Alexander und Margarete: Die Unfähigkeit zu trauern. Grundlagen kollektiven Verhaltens. Neuausgabe. München: Piper 1977

Morris, Edwin T.: Düfte. Kulturgeschichte des Parfums. Solothurn und Düsseldorf: Walter 1993

Schmidt, Jochen: Die Geschichte des Genie-Gedankens in der deutschen Literatur, Philosophie und Politik 1750–1945. 2 Bände. 2., durchgesehene Auflage. Darmstadt: Wiss. Buchges. 1988

Zur Erzählweise

Eco, Umberto: Nachschrift zum „Namen der Rose". München: dtv 1986

Hoesterey, Ingeborg: Verschlungene Schriftzeichen. Intertextualität von Literatur und Kunst in der Moderne/Postmoderne. Frankfurt a.M.: Athenäum 1988

Ryan, Judith: Pastiche und Postmoderne. Patrick Süskinds Roman *Das Parfum*. In: Lützeler, Paul Michael (Hg.): Spätmoderne und Postmoderne. Beiträge zur deutschsprachigen Gegenwartsliteratur. Frankfurt a.M.: Fischer Taschenbuch 1991, S. 91–103

Zu den Romanformen

Dilthey, Wilhelm: Das Erlebnis und die Dichtung. Lessing, Goethe, Novalis, Hölderlin. 16. Auflage. Göttingen: Vandenhoeck & Ruprecht 1985

Nusser, Peter: Der Kriminalroman. 2., überarbeitete und erweiterte Auflage. Stuttgart und Weimar: Metzler 1992

Selbmann, Rolf: Der deutsche Bildungsroman. 2., überarbeitete und erweiterte Auflage. Stuttgart und Weimar: Metzler 1994

Rezensionen

Kaiser, Joachim: Viel Flottheit und Phantasie. Patrick Süskinds Geschichte eines Monsters. In: Süddeutsche Zeitung Nr. 74 v. 28. März 1985

Matt, Beatrice von: Das Scheusal als Romanheld. Zum Roman „Das Parfum" von Patrick Süskind. In: Neue Zürcher Zeitung, Fernausgabe Nr. 61 v. 15. März 1985

Reich-Ranicki, Marcel: Des Mörders betörender Duft. Patrick Süskinds erstaunlicher Roman „Das Parfum". In: Frankfurter Allgemeine Zeitung Nr. 52 v. 2. März 1985

Schütte, Wolfram: Parabel und Gedankenspiel. Patrick Süskinds erster Roman „Das Parfum". In: Frankfurter Rundschau Nr. 81 v. 6. April 1985

Stadelmaier, Gerhard: Lebens-Riechlauf eines Duftmörders. Patrick Süskinds Roman „Das Parfum – Die Geschichte eines Mörders". In: Die Zeit Nr. 12 v. 15. März 1985

Platz für Notizen

Platz für Notizen

Platz für Notizen